SEGUNDA EDICIÓN

Literatura infantil

en español

Dra. Lidia Díaz

UTB - TSC

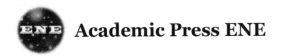 Academic Press ENE

Academic Press ENE
New Jersey, 07704, USA
http://www.editorial-ene.com/index2.htm
AcademicPressENE@aol.com
Primera edición, octubre 2006
Segunda edición, julio 2008
ISBN: 1-930 879-54-7

Prefacio

El presente texto tiene como objetivo realizar un estudio introductorio de la literatura infantil escrita en español, que pueda servir como recurso básico de consulta y apoyo para quienes asumimos la difícil tarea de acercar a los niños al libro.

Las interrogantes a las que aspira responder este estudio reflejan una voluntad a la vez informativa y de sensibilización, actualización y mirada crítica a los libros que se escriben para los niños en el mundo hispanohablante. Este objetivo surge no sólo del afán de que se encare a la literatura infantil a partir de un conocimiento renovado y más sólido, sino también, de alguna manera, de incentivar a los futuros maestros para que asuman el compromiso de profundizar en la investigación de esta disciplina tan históricamente subvalorada.

El encuadre de nuestro objeto de estudio estará delimitado principalmente por producciones contemporáneas escritas originalmente en español, y tendrá como punto de partida la tarea de reflexionar sobre la naturaleza y la significación de la literatura infantil, proponer pautas de lectura, discutir sobre criterios de selección, comprender los mecanismos de construcción de los textos, examinar algunas de sus problemáticas fundamentales.

Si bien, a fin de poder comprender mejor su estado actual, es obvia la necesidad de hacer referencia a la trayectoria que siguió la literatura infantil escrita en español hasta nuestros días, el presente estudio no tendrá como base una perspectiva cronológica o un examen histórico específico por países. El apartado dedicado a realizar un breve –y necesariamente parcial- recuento de lo que se ha logrado hasta ahora en la escritura para niños, servirá sólo como plataforma para poder estudiar con una base más fundamentada la producción contemporánea de escritores hispanohablantes de literatura infantil. Se intenta especialmente movilizar en el lector un creciente interés en el campo, a fin de que –en su papel de educador, y por lo tanto, de mediador-, se constituya en portavoz de la importancia que ésta tiene en la formación cultural de las nuevas generaciones.

Es evidente el hecho de que a nivel mundial el desarrollo y estudio de la literatura infantil y juvenil ha sido significativamente más lento que el de la literatura para adultos, y que los libros infantiles y juveniles han recibido mucha menos atención que otras obras, siendo en ocasiones considerados expresión de una literatura marginada, de tono "menor", o simplemente como "sub-literatura". A esta situación contribuyó, entre otros factores, el hecho de que por mucho tiempo numerosos escritores de libros para niños no parecían sentirse comprometidos a poner el mismo nivel de cuidado, dedicación y amor en su trabajo que en el caso de la literatura para adultos.

Somos conscientes de que estamos trabajando con un objeto de estudio en el que aún hay mucho por investigar, reconocer e integrar, y obviamente no es posible abarcarlo todo aquí, ni agotar sus fuentes. Simplemente se intenta plasmar en este texto, y a modo de instrumento didáctico para los cursos de Literatura Infantil, el aporte de ideas e información que son el fruto de un trabajo de investigación de varios años y de una diversidad de experiencias docentes en el área.

Cabe mencionar que a la dificultad que existe para acceder a material de estudio sobre literatura infantil que sea riguroso, bien fundamentado y realmente representativo de las diversas regiones del mundo hispanohablante, se suma el hecho de que muchas de las investigaciones en el área carecen de sistematización y difusión. Esto puede deberse principalmente a cuestiones metodológicas o a la falta de recursos y bancos de datos fidedignos y oportunamente disponibles, pero, sobre todo, a esa actitud previamente denunciada de la generalizada subestimación del campo que durante mucho tiempo prevaleció en los estudios literarios.

No obstante, afortunadamente en algunos sectores se va detectando una progresiva toma de conciencia sobre la importancia de la literatura infantil, especialmente en relación con proyectos tendientes al mejoramiento de las condiciones de lectura de la población, como uno de los requisitos para maximizar la calidad de la educación que se imparte. Y en esta empresa juega un papel central la creciente necesidad de formar maestros que sean ellos mismos lectores asiduos y que estén sólidamente equipados con conocimientos e información sobre literatura infantil para saber inspirar en sus alumnos el amor a la lectura; un amor que se constituirá en pilar de su desarrollo intelectual y emocional.

Es en el contexto de estas ideas que se corrobora la urgencia de reflexionar –y actuar en consecuencia- a niveles institucionales sobre el sentido de la lectura, que se cuestionen a fondo las formas y procedimientos de cómo se aprende a leer, y que se replanteen cuáles son los modelos de libros y lectores para los educadores. Y si bien es cierto que las grandes librerías de las zonas metropolitanas son cada vez más visitadas, y que se realizan cada vez con mayor frecuencia ferias del libro en numerosas ciudades, en realidad, las cifras que representan la presencia activa de un público lector siguen siendo totalmente insuficientes en proporción con el número de habitantes del planeta.

Es importante, entonces, revertir la catastrófica situación de no-lectura que caracteriza a la mayoría de la niñez y la juventud actuales encontrando un nuevo concepto de lectura, diseñando distintas estrategias para conocer y valorar en su justa medida aquel material significativo y valioso que tiene el potencial de poder operar un cambio en el receptor para ayudarlo a transformarse en un verdadero lector.

Van a quedar en el camino múltiples puntos y temas a desarrollar y profundizar, como por ejemplo el riquísimo debate que surge en torno a los cuentos de hadas, o a la naturaleza y función de los mitos desde un punto de vista literario-antropológico, o una investigación a fondo sobre los cuentos de terror, o el manejo del humor en los textos para niños, o un examen de las ilustraciones en su función literaria y artística, etc. Tales problemáticas han de ser objeto de futuros trabajos de estudio, quizá menos descriptivos y más analíticos, propios de una investigación que nos equipe mejor para reflexionar sobre la Literatura Infantil desde espacios más abarcadores y a la vez más profundos. Por el momento, nuestro modesto objetivo consiste fundamentalmente en un primer acercamiento panorámico de contenidos básicos; se asigna desigual espacio textual a los diversos temas tratados, debido a que se priorizan algunas cuestiones consideradas esenciales, cuya cobertura requiere en esta etapa de una mayor consideración.

El presente pudiera ser el primer paso de un proyecto mayor, en el que sería importante partir de un enfoque interdisciplinario, más integrador del trabajo que al respecto ofrecen investigadores de otras áreas pertinentes relacionadas con la literatura que se escribe para los niños. Un proyecto cuyas metas serían poder contribuir de manera mucho más documentada y completa al viejo anhelo de darle a la Literatura Infantil el lugar que históricamente merece.

UNIDAD I

Consideraciones preliminares

1. Introducción

Numerosos materiales se abocan –sobre todo desde una perspectiva pedagógica- a tratar la compleja problemática de qué significa escribir para los niños. Incontables profesionales se han referido a éste como uno de los oficios más difíciles y arriesgados, sobre todo teniendo como base el destinatario al que van dirigidas las obras. Mientras más se ha teorizado sobre qué es o no es "literatura infantil", mayores han sido las contradicciones en torno al tema, así como dispares las tendencias.

Usualmente, tanto autores como críticos suelen moverse oscilando entre dos polos: uno afirma que la literatura infantil debe ser puramente "infantil", o sea, concebida por un adulto especializado en temas, estilos, argumentos y problemas inherentes al niño y sus intereses; y el otro aboga por que los niños "consuman" cualquier tipo de literatura que sean capaces de asimilar, independientemente de los múltiples factores extra-literarios que entrarían en juego cuando de la infancia se trata. Se trata, así, Es, por lo tanto, una cuestión de difícil resolución que se relaciona con la problemática esencial acerca de cómo "debería ser" una literatura para niños. Por supuesto que no hay fórmulas ni recetas al respecto. No obstante, sí podemos reflexionar sobre cuáles son algunos de los elementos claves que permiten distinguir a una literatura considerada de calidad, y, a partir de ahí, proponer tendencias que den credibilidad y fundamentación al desarrollo de criterios de selección.

Si analizamos el fenómeno cultural denominado "literatura infantil" desde el punto de vista de las "obras en sí", por ejemplo, o sea, en cuanto a la peculiaridad de su componente "infantil" , sería necesario enfocarse en dos de las características fundamentales y diferenciales que suelen tener los textos literarios escritos para niños: el vocabulario y el estilo. Juan Carlos Merlo presenta la siguiente idea en su libro *La literatura infantil y su problemática*:

> ...Partiremos de la hipótesis de que el léxico y los recursos que se emplean en este tipo de obras no pueden ser los mismos que se utilizan en la literatura para adultos. Este planteo reconoce una limitación para los escritores, la necesidad de una nueva forma de análisis para la crítica y la exigencia de criterios selectivos para los padres y los maestros, que son quienes suelen poner los libros en manos de los niños. (Merlo XV)

No obstante, aunque los recursos pueden ser diferentes, identificamos un patrón que es absolutamente indiscutible: las obras que se escriban pensando en un destinatario infantil deben tener el mismo rango de exigencia y rigor que cualquier libro escrito para adultos.

Si bien, las diferencias en términos de léxico y estilo -tal como lo plantea Merlo-, están condicionados, en cierta forma, por las características particulares con las que el receptor infantil puede encarar la lectura, es importante que este concepto no implique el tratamiento del niño lector como un ser incapacitado para comprender y apreciar cualquier propuesta textual si ésta realiza de la manera adecuada, aunque su rótulo no sea el de "infantil". Pero, justamente, lo complejo reside en definir en qué consiste este carácter de "adecuado", ya que no es posible establecer un juicio de valor uniforme basado en criterios universales al respecto. Sin embargo, un aspecto válido para cualquier punto de vista que se adopte, ha de basarse en la idea de que el público infantil merece el mayor de los respetos, y nada autoriza a invadir sus libros con ñoñerías y posturas bobaliconas, historias demasiado dulzonas o hipersentimentales, abundancia de diminutivos, lenguaje y contenido estereotipados, o con la clásica táctica moralista que muchas veces tiene en el lector un efecto contraproducente.

En este sentido, afirma Enrique Pérez Díaz:

> No es ocioso repetir que cuando se asume el compromiso de escribir para niños hay implícito un gran reto, duro, difícil y a veces poco gratificante e incomprendido por muchos. Un reto en el cual el autor va solo, casi desarmado, a batirse contra siglos de posturas establecidas, editores ideologizados en unos países o comercializados en otros, editores que infelizmente están obligados a seguir el consejo de sus vendedores comerciales y que sólo buscan un producto fácil, seguro para la venta, establecido, prefabricado, supuestamente "ideal" para un niño pensado. (Pérez Díaz 25)

La labor de un buen escritor de literatura para niños parte de la premisa de que su obra no debe limitarse solamente a escribir de acuerdo con los parámetros psicológicos, pedagógicos, sociológicos, económicos y sociales de lo que se dicta que "debe ser" la literatura para niños. También –y principalmente- tiene que elaborar su escritura con la materia prima de la estética literaria, impulsado por valores innovadores que atraigan e impacten positivamente al lector para que en éste el acto de leer se transforme en un acto voluntario y gratificante. Hacer arte con las palabras implica elaboración, trabajo, reflexión y esfuerzo concienzudos. Así, disfrutar de ese producto artístico no es trivial, sino que requiere también de una construcción laboriosa por parte de la persona que entra en contacto con el texto literario, de aquel que lo lee. Por lo tanto, convertirse en lector no es una tarea rápida ni fácil.

La obra atesorada en un libro interesa, a los efectos del presente estudio, en la medida en que sea obra literaria, es decir, en cuanto apunte principalmente a provocar en el lector un goce, un placer gratuito, desinteresado, libre de un objetivo deliberadamente didáctico o funcional. En este sentido, recordemos que existe una significativa diferencia entre literatura infantil y "materiales" para niños, ya que no todos estos materiales tienen valor literario. Un ejemplo de ello son los libros escolares, los cuales contienen mucha información cuyo propósito es principalmente expositivo o explicativo; y, aunque los buenos libros de contenido pedagógico se supone que han de incentivar en el lector una actitud crítica y reflexiva, por lo general, por su propia naturaleza carecen de aquel valor –el literario- destinado a que el lector disfrute de la lectura como objetivo central.

Es importante distinguir, entonces, entre una obra literaria y una que no lo es; establecer la diferencia entre el *lenguaje estándar*, utilizado, por ejemplo, en los libros de texto, y el *lenguaje artístico*, que es, en este caso, el vehículo y la materia prima de la producción literaria cuyo destinatario queremos que sea en este caso el niño. El texto literario no se limita a un contenido meramente informativo; de hecho, si bien su lectura opera también proporcionándole información al receptor, no sólo le transmite datos sino que fundamentalmente lo expone a historias, lenguaje, formato, estilos que va a asimilar incorporándolos a su experiencia vital desde una perspectiva distinta. Es un texto cuya esencia estética lo ubica más allá de la función utilitaria. Justamente, es con base en esa voluntad estética que en un texto literario las palabras se combinan de una manera especial para hacer ingresar al lector en mundos ficcionales; estos mundos ficcionales, aunque aborden temáticas familiares y cotidianas que forman parte del universo real reconocible por el lector, son mundos inventados, son mundos de papel, son mundos literarios.

Actualmente, sin embargo, en el marco de este interés por identificar con mayor precisión lo que se considera literatura infantil, las fronteras que tradicionalmente la circunscribían van siendo menos rígidas; en algunos casos hasta se incorporan los aportes de los medios audiovisuales y los medios de comunicación de masas, en un esfuerzo por ampliar las concepciones convencionales sobre lo que es un texto literario. No obstante, hay especialistas en el área que descartan de plano cualquier recurso que se aleje de las convenciones del texto escrito, e intentan depurar su concepto al denunciar que no toda publicación para niños es literatura infantil. [1]

Lo interesante es percibir estos debates e intercambios de ideas como altamente positivos porque indican que la literatura infantil ya no es ignorada. Lograr que se la reconozca como parte del conjunto de las manifestaciones consagradas de la cultura en general ha sido y es un fenómeno gradual y arduo; y es gracias al proyecto laborioso de escritores, críticos y educadores conscientes, que se le va otorgando a los libros para niños el espacio que les corresponde. Todavía falta mucho por hacer, pero igualmente es estimulante notar que en muchos países hispanohablantes, donde la buena literatura infantil –y el estudio de la misma- era hasta no hace mucho un hecho aislado, casi anecdótico en el conjunto de la producción editorial del país, ya hay un cuerpo teórico más sistematizado, y ya está comenzando a haber propuestas académicas interesantes incluso a nivel universitario, y alentadoras colaboraciones entre autoreditor-ilustrador.

---

[1] En relación con la problemática de las fronteras canónicas del material de lectura, se puede encontrar un planteo muy interesante en el libro de Juan Carlos Merlo *La Literatura Infantil y su problemática* (pp. 2-14), citado en la bibliografía consultada.

Muchos de estos intercambios y discusiones establece coinciden en afirmar una premisa fundamental: la literatura infantil es, sobre todo, literatura; a ella aporta un lenguaje y un modo de expresión estética que es tan válido como el que participa del resto de las obras literarias, aquellas destinadas a los lectores que no son niños. Por otro lado, hay factores específicos que se han ido marcando y desarrollando con el paso del tiempo, y que tienen que ver con una visión particular del mundo de la niñez, y que, por lo tanto, van reconfigurando lo que se escribe para ésta.

Algunos estudiosos se plantean la cuestión de si vale la pena o no llegar a un acuerdo sobre cómo definir a la literatura infantil. Independientemente de ello, tal como se ha mencionado, el hecho de que exista este tipo de discusiones es ya de por sí un logro, porque implica que se está comenzando a concebir a la literatura para niños como una realidad independiente que merece de un tratamiento diferenciado.

La crítica argentina Graciela Perriconi propone una caracterización de literatura infantil, que ofrece un interesante punto de partida para comprender algunos de los principales rasgos que la destacan:

> [La literatura infantil] es un acto de comunicación, de carácter estético, entre un receptor niño y un emisor adulto, que tiene como objetivo la sensibilización del primero y como medio la capacidad creadora y lúdica del lenguaje, y debe responder a las exigencias y necesidades de los lectores. (Perriconi 6)

Esta conceptualización integra varios de los aspectos que se irán desarrollando a lo largo del presente texto, y que son claves para aproximarnos **con fundamento** a los contenidos del estudio que nos proponemos llevar a cabo. Cada uno de los elementos que componen el párrafo plantea un núcleo de reflexión y discusión importantes, por ejemplo:

- ¿en qué consiste este acto de comunicación?
- ¿cómo opera el sistema de relaciones que conecta al emisor con el receptor?
- ¿cuáles son las características que identifican a los componentes del binomio de esta relación, en este caso adulto-niño?
- ¿con qué criterios definimos el carácter estético del acto comunicativo?
- ¿sobre qué bases establecemos los objetivos de este proceso de comunicación?
- ¿cuál es la naturaleza de la capacidad creadora y lúdica del medio a través del cual se realiza la comunicación?
- ¿es o no es un requisito que la literatura infantil responda a las exigencias e intereses del lector, y en tal caso, cuáles son éstas?

Las interrogantes planteadas reflejan algunas de las preocupaciones más significativas que sirven de base al presente texto, y sobre las que se trabajará a partir de información proporcionada tanto por la bibliografía de referencia, como por la interacción y el intercambio de ideas entre quienes asumimos un serio compromiso profesional hacia la literatura infantil escrita en español.

2. El niño lector

La adquisición y el desarrollo del lenguaje tienen como base tanto lo que el niño adquiere de su medio ambiente como lo que tiene que ver con factores relacionados con sus condiciones naturales. Y en esta combinación ocurre lo mismo que con el desarrollo de muchas otras facultades: por lo general los niños leen hablan porque miran y escuchan hablar, y leen porque miran y escuchan leer.

Para volverse lector, el niño no sólo necesita desarrollar habilidades específicas de lectura, sino también incorporar los libros a su vida de manera permanente y no sólo como parte de sus actividades escolares. De hecho, si limita su lectura solamente a la práctica escolar pero no le interesa lo que lee, estará adquiriendo habilidades en un acto mecánico que no tendrá mayor significación para él.

El aprendizaje de la lectura por lo general se hace, en términos de competencia pragmática, a los cinco o seis años. Pero el dominio real de la capacidad de manejar un sistema conceptual amplio y de disfrutar el texto como literatura, depende, en gran parte, de que la lectura se haga un hábito en la vida del niño. Y para ello es esencial que en los primeros años del sistema escolar el niño comience a asociar el libro con conocimiento, información y pensamiento, pero – sobre todo- con el placer literario.

El concepto de interés por leer nace de la idea de considerar a la lectura como una actividad de comunicación. Un acto de comunicación entre el autor que escribe para expresar su pensamiento y el lector que da un significado al texto del escritor, no solamente a partir de lo que ese texto le ofrece, sino también desde su experiencia de vida y desde su interés frente a la lectura de ese texto particular. Por lo tanto, leer una lectura genuina requiere que nos interesemos por lo que otros nos puedan decir en sus escritos y por aprender a usar toda la información previa que tenemos y la que nos proporciona el texto; no se reduce, por lo tanto, a reconocer solamente los valores sonoros de las letras.

Desde los primeros años de su infancia, cuando el niño es incapaz todavía de realizar una lectura autónoma, esos mundos encerrados en los libros le ofrecen historias maravillosas, tanto de contenido fantástico como realista, que tienen que estar relacionado con los intereses del lector. Estos primeros pasos le permiten manipular, el texto, "leer" limitándose al principio a las imágenes, bajo la guía atenta del adulto, y acceder a álbumes y libros-juego adecuados para su edad, ilustrados artísticamente. Actividades estimulantes intelectualmente, enriquecedoras desde el punto de vista lingüístico y gratificantes desde el punto de vista afectivo, como la experiencia de gozar viendo buenas ilustraciones, establecer analogías y relaciones, pedir aclaraciones, hacer preguntas y recibir respuestas rápidas, incluso dentro de un diálogo a libro abierto. Todo esto le permitirá al niño familiarizarse con la palabra escrita y establecer con ella una relación especialmente significativa, porque al conectar esa palabra escrita con vivencias de las cuales es posible disfrutar, se le estará dando un poderoso impulso hacia la futura lectura autónoma.

Aquellos niños que leen, suelen hacerlo como resultado de un interés que surge en ellos, unas veces de manera espontánea y otras por motivaciones promovidas desde afuera. Porque por encima de la lectura meramente funcional, dirigida y orientada hacia fines educativos, hay una lectura porque sí; una lectura placentera, sin fines prácticos inmediatos, que todos los niños practican en mayor o menor grado desde el momento en que comienzan a ejercitar sin dificultades mayores la nueva técnica que les permite descifrar los signos escritos.

Leen tan pronto como pueden recorrer exitosamente las dos etapas básicas del aprendizaje: la primera es la que les permite adquirir el reconocimiento de los signos escritos (letras, palabras, sonidos); la segunda es la que establece la relación de significado entre las palabras y el mundo que éstas nombran.

Leen, en fin, porque la nueva mecánica que han asimilado les permite apropiarse de objetos nuevos a través de sus nombres. Porque han aprendido que las frases albergan mundos diferentes de aquel que los circunda, que a la vez nutren su invención y su fantasía.

Leen todo lo que llega a sus manos (lo cual potencialmente podría resultar sumamente peligroso), aunque muchas veces se resisten, paradójicamente, a leer lo que se le indica en la escuela.

Esa lectura espontánea es libre, en tanto no está orientada por la búsqueda de ninguna meta extra-literaria, ningún fin que no sea el de leer por leer, por apreciar el valor artístico de un producto literario, y no porque detrás de esa lectura está al acecho lo que realmente muchos adultos quieren lograr del niño en el acto de leer: cumplir con un objetivo de aprendizaje para el cual la literatura es solamente un mero ins-trumento.

Un buen libro por sí solo tiene ya el potencial natural de educar: lo educativo reside en el valor esté-tico de su construcción; pero para eso, como lo plan-tea la escritora uruguaya Magdalena Helguera, hay que dejarlo ser libro, como hay que dejar al niño ser niño:

> La creación literaria es una vivencia que marca profundamente tanto al autor como al lector, si ambos se sitúan en una postura activa ante la obra. Para un niño la experiencia de leer puede ser, debería ser siempre una experiencia muy fuerte, equiparable a jugar, andar en bicicleta, dormir en carpa, zambullirse de un trampolín, hacerle *upa* al hermanito recién nacido o ir al baño de noche en la casa a oscuras. A veces alegre y divertida, a veces cargada de desafíos, algo triste o atemorizadora, la lectura creativa es –como la escritura, la pintura, la música- una verdadera experiencia de vida, siem-pre emocionante, siempre digna de ser vivida. Y como toda experiencia de vida, no siempre enseña, pero siempre educa. (Helguera 3)

En los primeros años de vida están las claves para generar el hábito de la lectura; por ello, más que la lectura pragmática, hay que promover la lectura placentera, sin demasiadas presiones ni rigideces, sin exámenes sobre aspectos formales del texto, sin prematuras preocupaciones acerca del argumento, los personajes, los intertextos y demás cuestiones. Todos estos elementos pueden ser operativos cuando se realiza un análisis literario, pero en esta etapa no sustituyen el acto de disfrutar del texto, que ha de ser la razón primordial del acto de leer. El desarrollo del vocabulario, la consolidación de la habilidad de lectura y de la capacidad de exposición van a ser resultados naturales de este proceso. Los logros lingüísticos, léxicos o gramáticos serán potenciados por esa lectura que no tiene otras metas más allá que las de vivenciar el acto de leer como una experiencia gratificante y valiosa.

En un breve texto publicado en 1993 por el IBBY de México titulado *Leer de la mano – Cómo y qué leerles a los que empiezan a leer,* se afirma que la lectura no consiste sólo en la decodificación de signos, sino en una manera particular de relacionarse con el entorno. Si un niño posee las habilidades que se requieran para leer pero no siente el estímulo ni las ganas de hacerlo, ha adquirido una capacidad que le sirve de muy poco. Si se le enseña a leer con la promesa de que la lectura lo va a divertir y entretener, pero no ahora sino en el futuro, esa recompensa lejana tampoco le sirve como incentivo. Pero si cuando aprende a leer a través de ejercicios de lectura el niño lee desde el principio algo que lo hace gozar, al mismo tiempo que realiza el trabajo obtiene una gratificación que se fijará como placentera la experiencia de lectura.

Es en este sentido que la escritora argentina Graciela Cabal afirma que la literatura es capaz de enseñar por añadidura, sin proponérselo, y advierte que hay que tener mucho cuidado con las voluntades educadoras de algunos libros, ya que la literatura no tiene por qué tener un objetivo ético, ni debe enseñar nada en particular. La literatura produce felicidad, ése es el fin que debemos perseguir al leer.

El destinatario de la literatura infantil de hoy en día está inmerso en un contexto cultural en el que es necesario considerar múltiples factores: el cambio acelerado en la escala de valores, la ineficiencia de muchos sistemas educativos, la irrupción de nuevos modelos literarios, la creciente incorporación de recursos procedentes de otros medios, el poderoso papel que juegan los medios audiovisuales; se trata, en fin, de un lector que vive un tiempo cultural muy particular, sumamente conflictivo y en constante y rápida transformación.

Hoy, por fortuna, nos encontramos en una situación distinta a la de hace dos o tres décadas: se van superando problemas que históricamente habían dificultado la atención a la literatura infantil en condiciones dignas. Ya hay conciencia de que el niño no es un adulto en miniatura; conocemos y respetamos sus posibilidades psicofísicas y su capacidad de desarrollo, así como sus intereses, gustos y posibilidades lectoras. Pero para poder llegar a estimar al niño de esta nueva manera fue preciso aplicar otros métodos de conocimiento y comprensión de su mundo particular, y por lo tanto, plantearse la necesidad de una escritura diferente para llegar a él.

Escribir literatura infantil valorando ese universo especial que posee el niño o el adolescente y apreciando sus peculiaridades con respecto al universo del adulto, abre las puertas para poder crear obras que pueden encontrar mayores ecos en el receptor. Por eso, si como adultos no entendemos en su justa medida la naturaleza propia de esos espacios de la niñez y de la adolescencia, difícilmente estemos usando las estrategias adecuadas para ganarlo al camino de la lectura. El cubano José Martí, uno de los grandes pioneros de la literatura infantil en América Latina, preocupado por optimizar los esfuerzos para promover la lectura literaria en la infancia, afirmaba que para ingresar en ese universo de los niños por los caminos adecuados no es necesario transformarse en un enano ni hablar con voz finita, como usualmente muchos lo hacen, creyendo erróneamente que así podrán relacionarse mejor con ellos.

Niños y adultos son diferentes, y es diferente también la literatura infantil de la destinada al consumo del adulto. Sin embargo, y siguiendo al respecto la idea de Franz Rosell, esto no implica que el autor de libros para niños deba someterse a limitaciones que lo restringen, debido supuestamente a desventajas por el particular nivel de comprensión receptora, sino por lo contrario, aprovechar que ese niño tiene un potencial extraordinario porque es fértil en términos literarios, y porque, reiteramos, no es una persona "grande" en escala "pequeña". El lector niño posee maneras propias de interpretar y representar el mundo en que convivimos grandes y chicos, pero que resultan diferentes porque en la infancia existe una "mirada" especial para ver ese mundo. (Rosell 37)

Por ello es importante concebir como infantil no la literatura que imita grotescamente el mundo de los niños desde un punto de vista adulto, sino la que, haciendo justicia a esas primeras etapas del desarrollo humano, se abre -igual que el propio lector-, a una amplia gama de posibilidades pero sin hacer a un lado el valor artístico de la obra. Empequeñecernos como adultos para lograr empatía en el niño lector implica subestimar su mundo -que es distinto del de los mayores-, y anular el respeto que como mediadores intentamos inspirar en él para lograr que se interese por leer.

Y, tal como ya se ha afirmado, este interés por leer está condicionado en gran parte por la posibilidad de una lectura placentera, aquella que está armada sobre las bases de la apertura, del juego, de la libertad. Cuando hablamos del "placer de leer" estamos refiriéndonos a numerosos factores que hacen impacto en la lectura con una magia especial, muy diferente a los procesos implicados en el "deber de leer", cuando se ejerce presión, se impone, se obliga.

La literatura traza caminos para transitar por otros mundos posibles, mundos de ficción que pueden conmover profundamente al lector cuando descubre el "placer del texto". Pero leer, como ya se ha dicho, no es fácil; requiere voluntad y esfuerzo, por ello es que convertirse en lector resulta una conquista. Leer vale la pena para poder revelar el secreto que nos brindan las páginas de un libro, aquel que nos invita y a la vez nos reta a descubrirlo.

El disfrute y la motivación que se experimentan en el acto de leer constituyen elementos primordiales que fortalecen y facilitan la formación del hábito de la lectura. Si el niño goza con lo que lee, por la lectura misma o porque ésta responde a expectativas e intereses que se corresponden más o menos con su edad, sus gustos, sus capacidades, el camino hacia la adquisición del hábito de leer, porque se quiere leer, será más rápido y fluido.

El texto debe representar toda una aventura, un estímulo para movilizarse a partir de las letras, como jugando; para descubrir el misterio de cómo se usan las palabras, su movimiento, su dinámica de funcionamiento, a fin de recorrer con ellas los senderos tan diversos que ofrecen, ya que tienen la capacidad de proponer múltiples formas de significación.

3. Las claves del reclutamiento: la familia, la escuela, la biblioteca, la universidad.

Para lograr que la literatura infantil y juvenil ocupe un lugar preponderante en la vida de los niños y los jóvenes, uno de los primeros aspectos a tener en cuenta es que éstos puedan tener acceso a los libros. Y así como los libros son producidos por los adultos, son también los adultos quienes tienen el compromiso de impulsar la incorporación de las nuevas generaciones a la experiencia cultural de la literatura.

Estará en manos de estos facilitadores adultos "reclutar" al niño a las filas del mundo de la lectura, ingresarlo al universo de la literatura infantil, y fomentar en él el hábito y el gusto de leer. El logro de este objetivo estará en gran medida condicionado por el tipo de lecturas a las cuales lo expongamos; un niño que lee algo que le gusta se sentirá motivado a volver a leer, porque un texto de calidad le propone puertas que incentivan su entrada al mundo de la lectura. Pero, para que este extraordinario objetivo se haga realidad, el reclutador tiene que saber en qué consiste un texto de calidad, y contar con los métodos e instrumentos que le permitan convertirse en un verdadero guía, conocedor de la literatura y consciente de su papel esencial en este proceso. Un papel que tendrá un impacto decisivo en la vida del niño, ya que en el niño que lee, como se sabe, la lectura estimula cualitativamente su desarrollo cognoscitivo, afectivo, emocional y social; al convertirse en un lector activo, éste adquiere el potencial de ejercitar su espíritu analítico, su juicio crítico, su capacidad creativa, y sobre todo, su sensibilidad cultural.

La familia, la escuela, las bibliotecas, las librerías, las editoriales, la comunidad en general son ámbitos sociales en los que los que a los niños se les posibilita el contacto con los libros. Y en todos estos ámbitos es el adulto el mediador; su objetivo no es solamente lograr que los niños se interesen en los libros, sino también que aprendan a disfrutar con su lectura y sepan dónde y cómo acceder a ellos.

En la sociedad actual, el acceso a los libros es un objetivo planteado en relación con *todos* los niños. En el pasado, el acceso a la literatura significaba exclusivamente el conocimiento de la literatura oral para la mayor parte de la población, mientras que una minoría elitista gozaba del privilegio de poder entrar en contacto con los libros en sus hogares y aprendía a leerlos y a usarlos en la escuela en perfecta continuidad con los valores de su clase social. Afortunadamente, poco a poco la escolarización llegó a las masas populares otorgando a las mayorías la posibilidad de leer, y el funcionamiento de las sociedades modernas fue basándose cada vez más en una exigencia de altos niveles de alfabetización, tanto cualitativa como cuantitativamente. Y a pesar de las diferencias y desigualdad de oportunidades que aún hoy subsisten, no cabe duda de que los esfuerzos a favor de la lectura han logrado muchos avances y el acceso de los niños a los libros es ahora más generalizado que nunca.

3.1 La familia

Es bien sabido que la familia juega un papel fundamental en el desarrollo intelectual del niño, y por lo tanto, en este caso, en la inserción del niño en el mundo de la literatura infantil. El hogar se define como uno de los espacios esenciales para la lectura, es el punto de partida de todo el proceso lector.

Numerosas investigaciones a nivel internacional han demostrado que los padres juegan un papel extraordinario en los cimientos del aprendizaje y la práctica de la lectura y en toda la evolución lectora posterior. Hasta el punto, incluso, de que se afirma que muchos de los auténticos lectores se forman en hogares donde hay libros y los mayores los leen, donde es costumbre sacarlos prestados de una biblioteca, donde uno apaga de vez en cuando el televisor y se deja seducir por el contenido de cada volumen, descubriendo las posibilidades que le ofrece el texto como fuente primordial de disfrute, de aventura y de saber.

El entorno familiar tiene una participación esencial en ese complejo y significativo proceso de desentrañar sentidos de las páginas de un libro. Por eso, generalmente se pueden identificar tres grandes momentos o etapas en ese trayecto del apoyo familiar: la primera es aquella en la que el niño no lee, sino que otros le leen; la segunda es aquella en la que lee con otros, y la tercera es la del lector que ya lee solo. Al final de estas etapas podremos encontrar un lector autónomo. Pero lo más importante sucede en el comienzo, cuando los padres guían los primeros pasos del niño para que éste transite por el camino de la lectura, con la ilusión de que sea éste un camino que no abandone nunca.

El gusto por la lectura por lo general se fomenta en las etapas de formación temprana; empieza desde la casa, cuando mamá o papá se sientan en la cama y cuentan o leen historias despertando la emoción del oyente, su curiosidad, asociando el cuento con el afecto, la compañía, el diálogo, la reflexión, la comunicación, la intimidad. Empieza cuando la intención no se limita a que la lectura sirva inexorablemente para hacer que el niño aprenda algo, reduciendo la experiencia a ser un mero escalón más en la carrera pedagógica sino para darle la oportunidad de experimentar, de vivenciar o recrear el relato a partir del placer de leerlo. Empieza cuando alrededor del libro se construyen desde la ficción esos dos mundos: el real, concreto, más conocido, y el otro, imaginado, soñado, fantaseado.

Afortunadamente, a pesar de las carencias lectoras que revela nuestra sociedad, cada vez más se detectan padres –sobre todo los padres jóvenes- que, interesados en la formación lectora de sus hijos, piden orientación sobre libros recomendados. Para ellos puede no ser lo mismo comprar un libro que cualquier otro objeto de consumo, porque está claro que el libro no es un objeto trivial sino un bien cultural, y el criterio principal para adquirirlo no es el precio más económico o el atractivo de que venga acompañado por algún juguete de regalo. Priorizar los buenos libros, aunque algunas veces no sean los más baratos, puede influir en el valor real que el niño conceda a la lectura.

Por otra parte, a veces los padres se desconciertan ante la falta de información, en un mercado saturado de colecciones que pueden carecer de valor literario o estar plagadas de estereotipos. Por supuesto que los libreros o los bibliotecarios conscientes pueden constituir una verdadera guía, ya que se supone que éstos han de estar en condiciones de recomendar un libro en función de los genuinos intereses del desarrollo lector en el niño. Y muchos padres suelen pedir este tipo de guía, pero es necesario tomarla con cautela antes de tomar una decisión.

El protagonismo de los padres, dando apoyo a la alfabetización escolar y a la promoción de la lectura, será imprescindible para el éxito lector de los hijos. Los padres que acompañan a sus hijos a bibliotecas y librerías están dándoles el mensaje de que ese acto es importante; además, el propio proceso del préstamo o la adquisición de libros permite conocer y aprender más de literatura infantil, mientras se les ayuda a los niños a ir formando su propia colección con ingresos constantes. Compartir lecturas con ellos es dedicarles tiempo de calidad; contarles cuentos o leerlos con ellos para crear y mantener hábitos de lectura para toda la vida tiene una significación especial y transforma a los padres –y también a los abuelos u otros adultos cercanos al niño, cuando fuera posible- en modelos de lector insustituibles.

Es por esta razón que la importante meta de formar lectores le corresponde en gran medida a la familia, no solamente al maestro de lenguaje. Y por ello es muy importante que cuando se está en el ámbito escolar, ésta ofrezca espacios para que los padres sientan que al involucrarse se enlistan junto a los educadores formales para ayudar al niño en su proceso lector. Esto es válido aun en los casos en que esos padres sean analfabetos o no tengan el hábito de la lectura; pero es crucial que tal participación y apoyo no sean hechos aislados sino sistemáticos y continuos.

La relación entre familia y escuela es decisiva para que funcionen los programas de motivación a la lectura, pero en el hogar es importante que los padres acepten que la actividad lectora de cada niño se pueda desarrollar sin imponerle un ritmo o -como lamentablemente muchas veces ocurre en el salón de clase-, sin someterlo a presión por cuestiones de competencia con otros niños, lo cual usualmente resulta en experiencias traumáticas que los alejan de los libros.

Generalmente se acepta la idea de que conviene que la lectura, en todas las edades, se corresponda con los intereses del lector; pero, en este sentido, el mediador o facilitador no puede caer en una posición determinista y rígida. Recordemos que en el proceso de desarrollo del hábito lector existe una diferencia entre lo que se conoce como *"edad cronológica"* y *"edad lectora"*. En el primer caso, con edad cronológica nos referimos a la edad biológica que tiene el niño, o sea, a sus años de vida. El segundo concepto, el de la edad lectora, se aplica a la experiencia que éste ha adquirido –o no- con base en su historia de lectura. Si un niño ha estado expuesto a la lectura desde pequeño, si su hogar y los miembros de su familia se han constituido en modelos de lectura para él, y por lo tanto ese niño ha incursionado en la lectura desde temprana edad, entonces su edad lectora estará por encima de su edad cronológica. Por lo contrario, si llega, a las primeras etapas de la escuela primaria sin haber recibido el beneficio del estímulo y el ejemplo de la lectura en su hogar -y en la escuela no se ha logrado compensar ese vacío-, entonces su edad lectora, lamentablemente será menor que su edad cronológica.

En esta cuestión de involucrar a la familia en el proceso de incorporación de los niños al mundo de la literatura infantil suele surgir una pregunta: ¿deben los padres leer libros infantiles? ¿Y por qué no? Es un proyecto que quizá pueda parecer demasiado ideal, pero si se quiere que el conocimiento de la literatura infantil en la sociedad sea sustancial y fundamentado, los padres y los adultos en general deberían leer libros infantiles, los mismos que leen sus hijos, los que se les recomiendan, los que se comentan o que hay que conseguir que se comenten, no sólo para poder opinar por sí mismos, sino sobre todo para comprometerse en la lectura junto con los niños.

3.2 La escuela

Tal como se ha mencionado en el apartado anterior, durante muchos años se ha visto a la literatura infantil como un subproducto de la pedagogía, y todavía algunos justifican su existencia sólo como recurso didáctico para apoyar el estudio de otras asignaturas. En el ámbito escolar, tradicionalmente la literatura infantil ha sido relegada a ser un mero instrumento al servicio de otros fines, guiados por una intención didáctica que desvirtuaba completamente su sentido y su significación propios.

Varios de los programas del currículo escolar contienen áreas en las que se realiza la lectura de obras literarias infantiles. Lo que sucede es que, con demasiada frecuencia, en estos casos lo que interesa no son los valores artísticos de la literatura, sino utilizar a ésta al servicio de determinados intereses instructivos: aún existen casos en que, desde las aulas, se insiste en destacar discursos ejemplificadores a partir de lecciones morales que el maestro quiere y cree encontrar, como máximo valor, en algunos de los libros escritos para niños. Y este propósito moralizante desvía –o incluso hasta neutraliza- el encanto que ha de tener para el niño la acción de leer literatura.

Esta intención utilitarista tan presente en el ámbito escolar con respecto a la literatura es realmente un factor de preocupación. De hecho, cualquier tipo de didactismo moralizador, cualquier pretensión de modificar las conductas del lector con moldes prefijados, encubre una desconfianza en la competencia del niño para que éste extraiga del texto sus propios significados. Así, con esta actitud dirigista o paternalista, tanto por parte del texto como del maestro, se interpone un riesgoso obstáculo a la posibilidad de fomentar el potencial creativo del lector. La ficción literaria entra siempre en inevitable contradicción con cualquier práctica doctrinaria, ya que los propósitos de ésta son extra-literarios y extra-estéticos.

Transformar a la literatura meramente en un instrumento de aprendizaje es mutilar su potencial, ya que es nada menos que el ejercicio de pensar la vida el que se enriquece con la lectura del texto literario.

Si queremos una escuela primaria que tenga calidad, es necesario que la literatura –seleccionada mediante criterios profesional y culturalmente válidos, y no según factores de conveniencia-, ocupe en sus programas un lugar preponderante. Sin embargo, el acceso del niño a la escuela, y con él sus primeros contactos "oficiales" con el mundo de la cultura, sigue produciéndose en condiciones que no son siempre las más propicias para que se formen y consoliden los hábitos lectores.

Por otro lado, se considera que otro de los motivos más obvios de este vacío reside en que por lo general existe un divorcio evidente entre el patrimonio cultural con que el niño llega a la escuela y lo que allí empieza a transmitírsele en relación con la lectura literaria. Por ejemplo, pareciera como si lo que el niño ha aprendido y practicado antes de su etapa escolar y que ha sido culturalmente esencial en su formación de base: las nanas, los cuentos orales, las adivinanzas, las narraciones leídas por los adultos que lo rodean, no fueran suficientemente valorados en la realidad cotidiana de la escuela. Esta desconexión, que conforme avanza la edad del educando se hace más aguda, puede privar al niño de una plataforma genuina para la construcción de sus hábitos lectores.

Muchos maestros, obsesionados por que el niño pase la mayor parte de su tiempo en situación de aprendizaje formal, se esfuerzan por asegurar que exista una finalidad pedagógica en cualquier actividad infantil, incluso en el juego, que, como se sabe, es una actividad esencial y definitoria de la personalidad de los niños. El pragmatismo utilitarista que suele caracterizar a este tipo de relación que el adulto establece con el niño impide comprender que el juego, de manera similar al arte debe ser únicamente eso: juego; o sea, que la acción lúdica se justifique en sí misma, y no que exista para "servir" a otra finalidad. Siempre que se utiliza el juego o el arte como recurso extralúdico o extra-estético, lo más importante de la experiencia queda neutralizado. Y el niño lo advierte. Entonces, ya no se juega desinteresadamente para jugar, por el placer que naturalmente implica la acción de jugar. Se juega interesadamente: para aprender aritmética, por ejemplo. Ocurre igual con la literatura: ya no se cuenta un relato por el placer que provoca la capacidad de fabular, de crear un universo nuevo, exento de fines prácticos. Se "usa" el cuento porque "sirve" para enseñar vocales, por ejemplo, o para dar una clase de educación vial o de ecología. Puede que los resultados pedagógicos terminen siendo excelentes, pero sin duda se estará destruyendo el placer de imaginar, el disfrute en el juego lingüístico y la fuente de creatividad que ofrece el arte literario.

En este marco, la poesía, el relato y el juego dramático, en lugar de hacer vivenciar la literatura como canal de musicalidad, fantasía, magia, fascinación, se convierten en instrumentos auxiliares del maestro, que muchas veces los utiliza para facilitarse a sí mismo su propia tarea educativa. Al respecto, Juan Cervera comenta muy acertadamente sobre los peligros de desviación de los objetivos si se utiliza a la literatura infantil como herramienta, y señala que existe una evidente tendencia a escolarizar a la litera-

tura infantil al manipularla como "recurso didáctico".
Tal es el caso cuando muchas veces se la llega a em-
plear como pretexto para la enseñanza de otras disci-
plinas, o ejercer la lectura como práctica de una habilidad técnica, pero no como una experiencia literaria
en sí misma.

Este hecho desvaloriza completamente la verdadera misión de la literatura infantil, ya que su naturaleza es ser autosuficiente. En el caso de los libros
que se escriben con el solo propósito de cumplir con
ciertos requisitos de aprendizaje lingüístico, es válido
utilizar párrafos u oraciones fragmentados o descon-
textualizados, ya que en su lectura no juega ningún
papel la aventura o el interés estético. En este sentido,
el componente artístico del texto no es lo que importa,
sino su uso con un fin funcional. Se agrega a ello el
hecho de que, al tratarse de una lectura obligatoria
porque cubre áreas curriculares básicas, este texto ya
de por sí se aleja de la meta de atraer al niño al mara-
villoso mundo de los libros literarios.

Es alentador ver que poco a poco algunos educadores van tomando conciencia de esta problemática
y tratando de dejar atrás el adoctrinamiento y la enseñanza de los ideales "virtuosos" a través de la literatura infantil, y están comenzando a insistir más en
los aspectos literarios y en la calidad de la escritura.
Es así que, como lo afirma Teresa Colomer, en las
últimas dos décadas la producción literaria destinada
a los niños viene manifestando una innegable apertura, ya que cada vez menos se intenta arrinconarla a
que se conforme con jugar un papel auxiliar. Pero es

obvio que para que esta apertura se logre de manera general y sistemática, el maestro tiene una responsabilidad crucial.

La figura del maestro y el papel que juega en el aula, y su manera de enseñar en el momento privilegiado en que el niño aprende a leer, pueden marcar no solamente toda vida escolar de éste, sino toda su vida como lector. Los libros están plenos de posibilidades, pero sin la guía de un buen educador éstas permanecerán escondidas. Un buen maestro puede abrir el horizonte vital del alumno hacia mundos nuevos, amplios, promisorios; es aquel maestro que nunca olvidaremos porque en su momento oportuno nos dio la llave para franquear las puertas de la cultura y el conocimiento, movilizó nuestras perspectivas y nos puso en contacto con los poetas, los artistas, los narradores que nos indicaron los ricos caminos del arte literario.

Así, el maestro tiene en sus manos el poder de ayudar a que el niño QUIERA leer, independientemente de lo que haya que trabajar y empeñarse para hacerlo. Pero para ello tiene que tener también la capacidad necesaria para lograrlo. La alegría y el interés que provoca la lectura son elementos fundamentales que el educador transmite a sus estudiantes, y sólo será capaz de hacerlo cuando él mismo disfrute de la experiencia literaria, cuando sea un lector asiduo y conocedor, cuando tenga la autoridad moral para comunicar genuinamente a sus alumnos el amor por la lectura.

En el artículo comentado más arriba, Sergio Andricaín define a la escuela como la segunda estación en el camino hacia la lectura autónoma, ya que permite el encuentro "oficial" y programado con la lectura de la palabra escrita. Allí se nos enseña a descifrar las marcas impresas en el papel y a vincularlas con nuestra experiencia de vida o la de otros; descubrimos el manejo del código lingüístico y se nos abren las puertas para entender sus significados. Ésta es una etapa fundamental en el proceso de formación de todo individuo, ya que mediante la lectura aprehendemos el mundo y lo incorporamos a nuestro ser; y es a través de la literatura que recibimos un rico legado de conocimiento y cultura ante el cual no podemos permanecer indiferentes.

3.3 Las bibliotecas

El sector educativo a nivel global, y las bibliotecas que lo atiendan –escolares, universitarias, públicas- tienen también una gran responsabilidad en la tarea de generar un contacto creciente de los estudiantes con el libro. Un contacto que tiene que comenzar a nivel de la familia aun antes de que el niño asista al jardín, y que debe reforzarse a todo lo largo del proceso educativo.

La biblioteca es un territorio compartido por toda una enorme población de usuarios que recurren a ella para ejercer el acto de la lectura, con fines ya sea utilitarios o placenteros. Generalmente, un maestro, un bibliotecario o un padre de familia encuentran como recurso válido para buscar libros un listado provisto por una institución habilitada, y sienten que este listado es su fuente de apoyo básico para la selección de los libros que les interese leer. Pero si este listado no está elaborado a partir de una información sólida que resulta de un trabajo investigativo, o no ha sido diseñado de manera profesional, las bibliotecas sufrirán las consecuencias ya que se verán empobrecidas y los usuarios no tendrán los recursos válidos suficientes para poder avanzar como lectores.

Algo que es de suma importancia es la interacción abierta que los lectores establezcan con el personal de una biblioteca. No hay que olvidar que aquellos usuarios que no están habituados a acudir a las bibliotecas en busca de lecturas, se pueden sentir inhibidos ante el desconocimiento de cómo es su funcionamiento, o intimidados frente a un caudal de textos que se percibe como inmanejable o ante un bibliotecario hostil, indiferente o insensible.

La ayuda de registros de clasificación y catálogos es indispensable al momento de solicitar y equipar las estanterías o los ficheros de las bibliotecas. Sin embargo, producir listas de libros recomendados es un operativo de gran responsabilidad, ya que sin el conocimiento pertinente y actualizado y una buena fundamentación crítica esto puede convertirse en un ejercicio manipulado por los intereses particulares de algunos funcionarios. Para quienes se ocupan de las colecciones infantiles en las bibliotecas, leer trabajos críticos y reseñas de literatura infantil se constituye en un recurso esencial, ya que por lo general éstos han sido escritos y publicados por expertos que han leído y estudiado el material para contribuir a la formación de criterios de selección de los libros. De hecho, este proceso de selección de las colecciones que se adquieren en las bibliotecas debe ser realizado por personas con suficiente respaldo cultural, que se apoyan en documentación relevante y representativa de una multiplicidad de géneros y estilos.

Otro aspecto importante a tener en cuenta es la función social que cumplen las bibliotecas públicas como miembros de las redes comunitarias, ya que las bibliotecas prestan los libros, no los venden. Y este factor implica uno de los valores más significativos del papel que juegan las bibliotecas públicas en la sociedad, que refleja la voluntad igualitaria de ofrecer servicios a quien no puede pagar por ellos.

Como se ha afirmado, para atraer al niño a la literatura infantil es esencial hacerlo en sus etapas evolutivas tempranas; es sabido, entonces, que el jardín de infantes se constituye en una etapa decisiva para hacer que la lectura se vaya transformando en un acto habitual. Allí al niño le son entregados conocimientos básicos imprescindibles para cuando comience su educación escolar formal, y se lo hace ingresar en prácticas que harán impacto en su posterior desarrollo humano. Entre esas prácticas se encuentra la relación con los libros. Por eso es tan importante que desde el jardín de infantes se reserve un rincón que posibilite organizar la biblioteca. Por supuesto que los libros han de ser seleccionados de acuerdo con el grado de maduración psicológica, intelectual y emocional de estos niños pequeños, pero éste es un primer escalón esencial en el largo camino del fomento de la lectura que no se puede pasar por alto.

En el caso de las bibliotecas que funcionan en instituciones de nivel primario o secundario, lamentablemente, por mucho tiempo el papel que éstas deberían jugar ha sido subestimado, quedando en numerosos casos relegado a una única función al servicio de los deberes escolares señalados por los maestros y profesores. Es decir, se privilegia la función instructiva de entre todas las que debería cumplir. Y lo que es peor, aún existen bibliotecas escolares que son utilizadas como sitios de castigo: el estudiante que se portó mal es condenado a purgar su culpa en la biblioteca. Es evidente que el mensaje que se transmite en estos casos va a fijar en el niño una imagen nefasta del papel que la biblioteca puede y debe jugar en su vida de estudiante, el cual, lejos de ser visto como espacio punitivo, debe representar para éste el hábitat del descubrimiento y del placer que le depara la palabra escrita.

La biblioteca escolar tiene que ser un sitio ideal no sólo para realizar lecturas utilitarias vinculadas con el currículo, sino también aquellas que poseen un carácter recreativo, gozoso, que amplían los horizontes del niño, a la vez que agudizan su sensibilidad e inteligencia. Esto incluye lecturas de todo tipo, tanto de los libros usados en el programa de enseñanza formal como también de textos literarios que amplíen el universo cultural del estudiante y lo atraigan a la multiplicidad de posibilidades que le ofrece el mundo de la lectura.

Es desafortunado el hecho de que en los presupuestos educativos la asignación financiera y edilicia destinada a equipar adecuadamente las bibliotecas usualmente no ocupa un lugar importante. Es así como los planes de dotación de libros a las escuelas, colegios y universidades se muestran reiteradamente como una de las últimas prioridades en el diseño de los sistemas educativos. A la vez, es importante tener en cuenta que no sólo es suficiente contar con una biblioteca y un bibliotecario profesional y responsable; todavía falta un elemento decisivo: es la conciencia de la necesidad de promover, desde ella y en el espacio escolar, la lectura que se realiza por gusto, aquella lectura significativa que va más allá de lo instrumental. Éste es un proyecto vital para el cual deben aliarse el bibliotecario y el maestro, a fin de acordar en un programa de fomento integral de la lectura que no se limite a la búsqueda y el estudio de los temas previstos en el programa y al cumplimiento de tareas.

En el caso de las bibliotecas públicas, se hace necesaria una transformación drástica en la relación que se establece entre los libros infantiles y juveniles y las nuevas generaciones de lectores. A la luz de las concepciones actuales sobre el tema, que hablan del papel que deben desempeñar las bibliotecas como centros claves de información y de cultura, hay que revisar prácticas tradicionales para dar cabida a concepciones más contemporáneas, que las conciben como una fuerza viva para el crecimiento intelectual de la comunidad, y no como un mausoleo oscuro e inhóspito.

Además, el tránsito de una biblioteca tradicional a una biblioteca contemporánea se concretará verdaderamente cuando los lectores que asisten regularmente a la misma no se conformen con ser meros espectadores, sino que participen activamente en su organización y funcionamiento. Cuando son los propios interesados quienes tienen voz para contribuir en la selección de los nuevos libros que se van a adquirir, poniendo de manifiesto sus intereses personales y los de quienes los rodean, y atendiendo a la necesidad de llenar los vacíos culturales, su compromiso con el mejoramiento de la biblioteca se hace más relevante y productivo. De hecho, la razón de ser de toda biblioteca es el lector. De nada sirve tener una acumulación de numerosos y buenos volúmenes perfectamente clasificados y situados en los estantes, si esas obras no circulan, no llegan a manos de los niños y los jóvenes, no son leídas y por lo tanto no actúan sobre ellos, transformándolos, generando primero la curiosidad y gradualmente la necesidad de disfrutar con la lectura de nuevos libros.

Es necesario señalar que aquellas personas que asisten habitualmente a las bibliotecas no adquirieron este hábito lector por casualidad, sino que éste es el producto del estímulo que recibieron por parte de su familia, su grupo, su escuela, su ambiente cultural. El éxito de la promoción de los servicios bibliotecarios depende, entonces, en gran parte, de los vínculos estrechos y productivos que esta institución consiga entablar con otros ámbitos de la comunidad que tienen nexos directos con el mundo infantil.

Así, para promover el amor por leer, la biblioteca, no puede ser concebida como una institución aislada, pasiva, casi tipo museo, sino como parte vital del sistema cultural y educativo global. Tal como lo afirma Sergio Andricaín en su artículo "Un palco en el paraíso: biblioteca y promoción de lectura", las bibliotecas públicas en la mayoría de los países hispanohablantes suplen la carencia de suficientes bibliotecas en las escuelas y por ello se ven en la necesidad de asumir y dar prioridad, entre sus funciones, a brindar servicios escolares. Pero el hecho de que muchos estudiantes asistan a las bibliotecas públicas para hacer sus tareas por falta de recursos apropiados en sus escuelas, no puede llevar a los bibliotecarios a renunciar al cumplimiento de sus otras muchas finalidades. Y el bibliotecario tiene que ser, también, un maestro de lectura; un guía que, atento a las peculiaridades de los niños y adolescentes, los oriente, les sugiera qué leer, acerca de qué leer, y de cuándo y cómo leerlo.

Es además imprescindible que el equipo de bibliotecarios conozca bien la enorme diversidad que existe en la producción editorial de textos de literatura infantil y juvenil escrita en el mundo hispanohablante; y aunque jamás se podría establecer una lista definitiva y rígida de las obras más adecuadas para ayudar a los lectores, las sugerencias y recomendaciones de material de lectura de calidad, realizado por personal idóneo y conciente, pueden sentar las bases para un cambio en la actitud de niños y jóvenes hacia la lectura literaria.

Como dice Michele Petit, "No se trata de encasillar al lector sino de tenderle puentes". (Petit 191)

3.4 La universidad

La universidad no es en absoluto ajena a los programas de fomento de la lectura y a los esfuerzos por hacer que los niños se interesen en los libros, ya que a ella le corresponde, por un lado, la tarea de formar maestros, y por el otro, la labor esencial de promover y patrocinar las investigaciones que se requieren en este riquísimo campo todavía tan poco explorado de la literatura infantil escrita en español.

No es suficiente con que desde las aulas universitarias se proporcionen listas enumerando títulos y autores recomendados, que muchas veces ni siquiera es representativa de la extraordinaria variedad de obras que circulan en el mercado hispanohablante de libros infantiles. Además, debido a la carencia de instrumentos adecuados de difusión, estas listas suelen quedar rápidamente desactualizadas sin el respaldo de expertos que se responsabilicen por un estudio sustentado y profesional de los libros que se escriben para los niños.

La existencia de proyectos de investigación serios y rigurosos a nivel universitario sobre los libros para niños constituyen un requisito ineludible para canalizar vías de conocimiento y formación en los distintos niveles del sistema escolar, y podrían revertir la lamentable situación de pobreza lectora que vemos en los niños y jóvenes de hoy en día. El propósito fundamental es que estos proyectos signifiquen un recurso útil y productivo, que les proporcione a los adultos responsables las herramientas necesarias para que, eventualmente, estén mejor preparados para contrarrestar un mercado invadido por libros infantiles de dudosa calidad literaria, y cuyo fin evidente es solamente la ganancia comercial.

Tomar conciencia de la importancia de incorporar de manera "oficial" a la literatura infantil en los programas universitarios de formación de maestros, conducirá a la implementación de una serie de medidas que posibilitarían la sistematización de su estudio y difusión. Un ejemplo de ello podría ser el coordinar esfuerzos desde los departamentos de Español y Educación Bilingüe, abriendo los temas de literatura infantil a las líneas de investigación nacional, desarrollando centros de documentación representativos de las diversas regiones del mundo hispanohablante, integrando aspectos teórico-prácticos para la planeación y realización de proyectos de lectura con participación comunitaria y escolar, etc.

En relación con lo anterior, es lamentable detectar que en muchos programas educativos hay evidentes muestras de que muchos maestros suelen no estar preparados en el campo de la literatura infantil, o no tienen ni el espíritu ni la motivación para incentivar en los niños el interés por leer; tampoco están suficientemente capacitados para seleccionar material literario valioso que les servirá de base para su trabajo. Por ello, la experiencia que les proporcione al respecto la universidad puede ser decisiva para formarlos y concientizarlos, armándolos adecuadamente con sólidos conocimientos de literatura infantil escrita originalmente en español; esto logrará optimizar el nivel de su futuro papel como profesionales de la educación y la cultura.

4. Las traducciones

La literatura infantil escrita originalmente en español cumple con otra función primordial: reivindicar la cultura, desarrollando el lenguaje y mostrando al lector que no es necesario recurrir a trabajos traducidos de otras lenguas para acceder a obras literarias significativas, relevantes y de valor artístico. Por supuesto que es importante reconocer el valor de buenas traducciones de obras de la literatura infantil universal que fueron escritas en otras lenguas, ya que de no ser por aquéllas, su lectura no hubiera sido posible para la mayoría de los lectores. Pero cuando se trata de desarrollar un programa de literatura infantil en español, el material de base debe ser la riquísima producción de textos creados originalmente en esta lengua, que realmente represente la diversidad de los numerosos y talentosos autores del mundo hispanohablante.

Por otra parte, cuando el lector es un lector hispano, el beneficio se multiplica cualitativamente, ya que el poder disfrutar de lecturas escritas originalmente en español le ayuda a crear un genuino sentimiento de orgullo por su cultura, y de admiración por aquellos profesionales de la palabra escrita que escribieron para él en su propia lengua.

La literatura infantil en español traza sus orígenes a la fuente del idioma, aquella escrita en España, en Hispanoamérica y últimamente también en los Estados Unidos. A través de los tiempos se fue configurando y divulgando una literatura escrita en la lengua de nuestros antepasados para ser disfrutada por todos sus hijos esparcidos por el mundo hispanohablante; su conocimiento y comprensión aportan a que el lector comprenda y aprecie mejor su cultura, lo cual a su vez lo lleva a conocerse mejor a sí mismo, potenciando en éste un mayor nivel de autoestima. Esto último es particularmente importante para los niños bilingües de Estados Unidos, que crecen fuertemente expuestos a otro idioma, otra cultura y otros valores que se les transmiten día a día a través de una multiplicidad de medios.

Es indudable, entonces, que desde la familia, la escuela, las bibliotecas y la universidad -y a través de textos que se producen originalmente en español-, es posible contribuir a la formación niños lectores que disfruten de una literatura que a la vez consolida su crecimiento lingüístico y cultural.

UNIDAD II

Breve relación de antecedentes históricos

A fin de entender mejor algunos aspectos claves de la literatura infantil que se produce en nuestros días en el mundo hispanohablante, haremos una breve referencia a cuáles y cómo fueron los caminos que se han recorrido en el pasado, y cuál es la posición de algunos estudiosos al respecto.

Si nos remontamos a la Edad Media, es posible afirmar que eran pocos los adultos y los niños de las clases populares que tenían acceso a los libros y a la lectura. La cultura se hallaba recluida en palacios y monasterios y los escasos libros a los que se tenía acceso estaban destinados especialmente a inculcar buenas costumbres y creencias religiosas. Sin embargo, los niños de esas épocas eran testigos –muchas veces involuntarios- de los cuentos y las poesías que contaban y recitaban los mayores, y que por supuesto no estaban destinados a aquéllos.

En Europa quizá corresponda a numerosos textos clásicos el mérito de haber iniciado esta forma de literatura que leían u oían los niños; textos como los famosos *Las aventuras de Telémaco,* de Fracoise Fénelon (1699), o los *Cuentos de Mamá Oca,* de Jacques Perrault (1697). Sin embargo, algunos autores opinan que hasta la aparición del trabajo de los hermanos Grimm, que redactaron sus *Cuentos de la infancia y del hogar,* lo que se considera realmente literatura infantil era prácticamente inexistente. Pero en realidad, estos escritores, si bien lograron una buena difusión del cuento popular como forma narrativa tradicional, no tuvieron como objetivo hacerlo para los niños. Por otra parte, en muchos casos sus trabajos no eran escritos originales, sino el resultado de una labor de recopilación de textos de diversas fuentes que fue publicada por ellos en dos volúmenes, entre 1812 y 1815.

Aparecen también en el siglo XVII otras obras del francés Jacques Perrault, que en principio tampoco eran específicamente destinadas a un público infantil, pero que con el paso del tiempo fueron formando parte del patrimonio de la narrativa tradicional para los niños de muchas partes del mundo; un ejemplo de ello es el famoso cuento de la *Caperucita Roja*. Algo más tarde también se publicaron otros libros conocidos, que, aunque no fueron escritos intencionalmente para niños, hoy se han convertido en clásicos infantiles y juveniles, como es el caso de *Robinson Crusoe* (Daniel Defoe, 1719) y *Los viajes de Gulliver* (Johnatan Swift, 1726).

A grandes rasgos, puede decirse que, a nivel internacional, antes del siglo XIX, y según algunos autores aún hasta el siglo XX, no hubo verdaderas obras literarias infantiles, o sea, libros cuyo principal objetivo fuera entretener y gratificar al niño desde el punto de vista estético. Lo que sí había era una amplia circulación de silabarios, manuales de urbanidad y guías para la adquisición de buenos modales, biografías de personajes ejemplares y catecismos. En realidad, la historia universal de la infancia indica que durante mucho tiempo el niño oyó y leyó lo que el mundo adulto oía y leía, y adaptó a su necesidad e intereses los héroes y las situaciones narrados, apropiándose de los relatos que le contaban sus mayores.

Según la crítica española Teresa Colomer, muchos autores han acordado en situar el origen de la literatura infantil -en el sentido que le damos hoy día- en la producción de los cuentos de hadas, fenómeno que dio lugar a que usualmente se reconociera una literatura para niños recién a partir del siglo XVIII. Es interesante señalar que, a pesar de haber sido creados hace siglos, muchos de estos cuentos de hadas no siempre tenían el típico contenido didáctico y moralizador de los textos que sí se habían destinado a los niños desde siempre.

En relación con esto -y tal como se ha mencionado en el prefacio-, uno de los grandes temas no incluido aquí pero cuyo campo de reflexión y discusión no puede dejarse de lado en un estudio a fondo sobre la literatura infantil, es el tema de los cuentos de hadas. Bruno Bettelheim, uno de los grandes expertos en el tema desde el campo de la psicología, en su libro *Psicoanálisis de los cuentos de hadas* considera que los cuentos tradicionales actúan sobre el inconciente infantil permitiendo a los niños elaborar conflictos traumáticos: la inseguridad, la soledad, el temor a la muerte y a los retos que enfrenta todo ser humano. Este autor ve en el contenido de los cuentos de hadas un motor positivo que ayuda al lector infantil a encontrar un lugar seguro en su mundo; en estos relatos no se ocultan los peligros ni el lado oscuro que pre-

senta la vida, pero en sus historias se ofrece una espe-
ranza activa de que es posible salir airosos de las co-
yunturas difíciles y tener éxito.

Teresa Colomer comenta que en las últimas
décadas existe una creciente tendencia a publicar versiones modernas de los cuentos de hadas y de los
cuentos tradicionales en general. Estas nuevas versiones significan una revalorización de los mismos, pero
a la vez intentan ofrecer una alternativa a la carga de
violencia o a los estereotipos implícitos o explícitos
que suelen contener las versiones originales de los
cuentos. Tal es el caso, por ejemplo, del famoso cuento de Jacques Perrault *Caperucita Roja*, para el cual
Elena Fortún, en España, realizó en la década del
treinta una versión en la que el lobo se comía sólo el
reflejo de Caperucita en el espejo; en otros casos, la
abuela no es devorada sino que se esconde en un ar-
mario. También menciona que en 1967 el español Antoniorrobles publica una versión en la que el lobo pa-
saba un año en la cárcel sujeto a régimen vegetariano
para dejar de comer humanos, y finalmente se hace
amigo de Caperucita, en un gesto que reivindica la
posibilidad del aprendizaje para convivir en paz y
superar agresiones y miedos. De igual modo, otros
conocidos cuentos tradicionales como *La Cenicienta,
Blanca Nieves y los 7 enanos* o *La Bella Durmiente,* están
siendo reescritos en la actualidad por autores hispanohablantes que cuestionan los contenidos de los textos primigenios y proponen cambios en los que se
plantea, de manera muchas veces humorística, la superación de los elementos negativos identificados en
los textos originales.

Un panorama general básico de la trayectoria histórica que experimentó la literatura infantil en el mundo requiere tener en cuenta que, debido a razones políticas, sociales y económicas de índole globales, los estudios y las iniciativas de difusión de los libros infantiles se han desarrollado mucho más temprano en el mundo anglosajón -o incluso en el resto de Europa-que en el mundo hispanoamericano. Por lo tanto, la aparición de profesionales interesados por indagar en este campo desde una perspectiva moderna es en nuestros países mucho más tardía. Y si bien, en el caso de España, el impacto cultural ejercido por las potencias europeas podría haber favorecido un desarrollo más acelerado de la literatura infantil en el país, su historia es similar en muchos aspectos al proceso que vivió la literatura infantil en los países americanos de habla española.

1. España

A pesar de la fuerte influencia que España recibía de literatura tradicional del resto de Europa, la literatura infantil como tal se establece propiamente en este país recién en el siglo XX. Durante el siglo XIX abundaban publicaciones de literatura folklórica recuperada de la tradición oral. Hubo algunos autores de literatura para adultos que de manera esporádica se dignaban de tanto en tanto a escribir para niños; pero en estos textos, que en realidad tenían una función didáctica, solo se "salpicaban" fragmentos con cierto contenido relativamente literario.

Un fenómeno que en alguna medida da cierto impulso al interés por la literatura infantil es que se comienza a divulgar con mayor sistematicidad la publicación de las traducciones de obras de la literatura infantil de otros países. A la vez, se fundan las primeras revistas infantiles, en las que se empieza a ver un intento por incluir no sólo material didáctico, sino también contenidos cuyo fin es el entretenimiento y el disfrute estético.

Un autor que en este sentido se destaca en las primeras décadas del siglo XX es Juan Ramón Jiménez, con su poema narrativo "Platero y yo". Otro lugar especial lo ocupa también la obra de Federico García Lorca; y aunque la mayoría de la producción poética y dramática de este autor que llega a manos de los niños y adolescentes no había sido creada específicamente para ellos, de su propuesta literaria se rescata una serie de trabajos que se incorporan definitivamente al mundo infantil, en especial aquellos inspirados en la tradición popular y el folklore andaluz.

Teresa Colomer destaca en la década del '30 los trabajos de Elena Fortún y Antoniorrobles, dos figuras claves que contribuyen con aportes innovadores, tanto en cuanto a los temas como a los estilos usados en la escritura literaria para niños. Lamentablemente, la Guerra Civil interrumpe con la censura y la falta de democracia este proyecto renovador y esta voluntad de cambio.

Después de la muerte de Franco y con el regreso de la democracia a finales de la década del 70, pro-

gresivamente se van restaurando los vacíos provoca-
dos por el oscurantismo dictatorial en casi todos los
ámbitos de la cultura. En este proceso de reconstruc-
ción también da sus pasos iniciales una literatura infantil que va surgiendo con perspectivas modernas y
ganándose su lugar en el contexto de una ola renova-
dora que impacta los libros para niños en todo el
mundo.

Actualmente la abundante literatura infantil y
juvenil española es ampliamente reconocida por su
calidad y diversidad. Prestigiosas organizaciones regionales y nacionales lo demuestran a través de numerosas publicaciones, comunicaciones virtuales,
congresos, encuentros, simposios. Sobresalen, entre
otros, el trabajo de la Fundación Germán Sánchez
Ruipérez y el Instituto Cervantes, así como el de numerosas revistas y periódicos que circulan en los medios especializados, que día a día nutren la importante base de datos que apoya la labor de investigación y
difusión en el campo.

2. Hispanoamérica

Algunos estudiosos consideran que habría que
rastrear los antecedentes de la literatura infantil de
nuestro continente en los primeros siglos de la colo-
nia; otros los ubican incluso antes, en algunos docu-
mentos hallados de los tiempos precolombinos. Si
bien entre los mitos y leyendas aborígenes y en las
crónicas de la conquista podemos encontrar textos de
contenido épico, histórico o poético que pudieran representar una lectura interesante para el joven lector,

de acuerdo a los criterios comentados anteriormente éstos no serían considerados en sí mismos literatura infanto-juvenil. No obstante, en el caso de los mitos y leyendas, aunque no hayan nacido específicamente como literatura infantil, los niños siempre han sabido capitalizar la esencia mágica de sus contenidos, ya sea en sus versiones originales como en las reescrituras modernas de las mismas.

En la primera mitad del siglo XIX la literatura infantil y juvenil continúa básicamente constituida por libros didácticos que hacían a un lado la fantasía y cuyo fin era básicamente ejemplificar modos de conducta usando como herramienta las historias que se relataban. La narración de cómo aprendían a comportarse los jóvenes protagonistas en el caso de las historias realistas, se realizaba a través de modelos de ficción en los que se describían historias familiares o escolares que servían de ejemplo.

Al igual que en el caso de España, también se considera que en la América hispanohablante la literatura infantil hace su aparición como entidad autónoma definida recién a principios del siglo XX. Salvo algunas excepciones como José Martí en Cuba y Rafael Pombo en Colombia, el siglo XIX había mostrado algunos intentos que se limitaban a repetir los caminos ya recorridos por la literatura europea: silabarios, textos para la formación de jóvenes élites, las primeras fábulas en prosa y verso, compilaciones de cuentos populares, etc.

La obra de Martí y Pombo es ampliamente reconocida como trabajo pionero en la literatura infantil escrita en español antes del siglo XX. En su *Panorama histórico de la literatura infantil en América Latina y el Caribe*, Antonio Orlando Rodríguez dedica un espacio especial a Rafael Pombo (1833-1912), explicando por qué se lo considera un caso atípico para su época:

> [...] con su aporte de una buena dosis de desenfado, musicalidad, imaginación, sana irreverencia y, tal vez lo más renovador, displicencia por los mensajes de carácter moralizante, todo sustentado con un excepcional manejo de la métrica y la rima (...) en una época en que las letras latinoamericanas soslayaban de forma casi generalizada la importancia del humor y la fantasía para la educación del niño. (Rodríguez 31)

José Martí (1845-1905) es, sin duda, el autor de esta época que aportó de manera más significativa a la renovación de la literatura infantil a partir de su texto *La Edad de Oro*: una publicación fundacional que abrió caminos hacia una nueva forma de concebir la literatura infantil hispanoamericana. *La Edad de Oro* fue una revista mensual de la que lamentablemente sólo alcanzaron a publicarse cuatro números, debido a que Martí no quiso someterla a la voluntad autoritaria del editor, quien pretendía transformarla en un vehículo de propaganda religiosa y prescripción moral. En esta revista José Martí integraba una serie diversa de componentes, inteligentemente dispuestos para atraer el interés del niño por la lectura y la cultura en general. Cuentos originales, poesía, material informativo, muestras representativas del folklore latinoamericano, fragmentos de la historia universal, breves obras teatrales, recreaciones de piezas de la literatura tradicional, constituían un valioso mosaico destinado al lector infantil para entretenerlo y educarlo. [2]

Entre otros valiosos aportes -y en un notable esfuerzo de dinámica interactiva, anticipándose ya en esos años a modalidades que se llevan a la práctica en la actualidad-, Martí incluía en cada volumen de la revista una sección de correspondencia con los lectores. Estas cartas eran siempre respondidas por el autor, como otra muestra de su respeto por los niños y de su clara voluntad por motivarlos a que sepan expresar sus ideas libremente. Asimismo, cada número era encabezado por una página inicial en la que el propio Martí transmitía su poderoso mensaje a los niños que leyeran la revista; sus palabras tenían como base la digna autoridad que le confiere al autor su valiosa trayectoria en la literatura y en la historia, y constituyeron una vía de reflexión y un modelo de conducta para muchas generaciones jóvenes del continente.

Uno de los aportes claves de la propuesta de José Martí a la literatura infantil fue su idea de que para que un texto para niños sea un texto de calidad, éste debe tener un balance ético-estético: un nivel de equilibrio en el que tanto el componente formativo (ético) como el de entretenimiento (estético) y disfrute

---

[2] Se recomienda la lectura de *La Edad de Oro*, accesible actualmente en el formato de un libro que recopila los cuatro volúmenes de la revista original.

tengan el mismo peso, a fin de que el texto cumpla una función integral en el lector.

Lamentablemente, en los años inmediatos posteriores a las producciones de Pombo y Martí no aparecen figuras de mayor relevancia en la literatura infantil. Y tal como se ha comentado, en líneas generales, en América hispanohablante la escasa literatura infantil que se publica muestra una estrecha dependencia de la escuela y una directa relación con el proceso de formación de una conciencia nacional. La necesidad de definir una identidad propia en el joven ciudadano de los nuevos países del continente hará que desde muy temprano cierto tipo de literatura patriótica o aleccionadora domine las obras que se ofrecen al niño, no sólo en la escuela sino también fuera de ésta. En muchos casos, este rasgo se ha mantenido hasta hoy y suele a veces preponderar frente a otros enfoques más innovadores, particularmente en aquellos países que presentan un menor desarrollo en la literatura escrita para niños, ya que esas nuevas propuestas no alcanzan a tener la fuerza necesaria como para contrarrestar esas perspectivas tradicionalistas y conservadoras.

Hasta la primera mitad del siglo XX la infancia hispanoamericana que tiene acceso a la lectura lee casi exclusivamente adaptaciones de textos clásicos europeos (Perrault, Grimm, Andersen, los célebres fabulistas como Iriarte, Samaniego, Esopo, Lafontaine, etc.), así como obras en prosa y verso donde predomina el didactismo, o caracterizadas por un sentimentalismo exagerado, con lenguaje demasiado descriptivo o poco natural, un patriotismo extremo o un realismo propio de textos destinados a un lector adulto. Abunda el género poético, el relato folklórico y costumbrista. Pero en todos los casos se trata de un tipo de escritura que por lo general no satisface las necesidades estéticas y lúdicas del lector, sino los objetivos moralizantes y prescriptivos de sus educadores.

En este periodo se destaca el aporte de la escritora chilena Gabriela Mistral por su nutrida producción poética para niños y su incansable trabajo a favor de la difusión del folklore como forma primordial de la literatura infantil. Pero esencialmente no habrá grandes transformaciones y la anterior situación perdurará por bastante tiempo. Aparecen algunos otros pocos escritores más innovadores como el boliviano Oscar Alfaro en poesía, la chilena Marcela Paz con el fresco humor de su *Papelucho*, y el uruguayo Horacio Quiroga a quien se reconoce como uno de los grandes fabulistas hispanoamericanos del siglo XX. Estos autores preanuncian y siembran las semillas del movimiento renovador que se inicia hacia 1965 y que da un extraordinario impulso a la literatura infantil.

Es a finales de la década del 70 que comienza a surgir un grupo cada vez más numeroso de escritores comprometidos con propuestas verdaderamente significativas, en el marco de nuevas tendencias en la literatura para niños. Este fenómeno tiene fuerte presencia sobre todo en Colombia, México, Argentina, Cuba, Uruguay, Chile. Algo más tarde, a ello contribuirá de manera decisiva la creación de premios y concursos, la publicación de revistas y boletines especializados (*Imaginaria, Cuatrogatos*, entre otros), la organización de encuentros, congresos y ferias del libro, y la creación de sucursales locales de prestigiosos organismos internacionales dedicados a la literatura infantil (ALIJA, por ejemplo).

Asimismo, los estudios de literatura infantil recibieron una efectiva plataforma de apoyo con las fuentes y recursos provistos a partir de la creación del International Board of Books for Young People (IBBY), organismo internacional fundado en 1953 en Suiza, y que está asociado a la UNESCO y a la UNICEF. En 1956 se instauró el Premio Andersen, que es el premio más importante que se otorga en literatura infantil a nivel internacional.

De todos modos, a pesar de los esfuerzos individuales y organizacionales en estimular el desarrollo de la literatura para niños, es evidente que uno de los grandes problemas del libro infantil en Hispanoamérica es de orden estructural. La injusta distribución de la riqueza, la escolarización insuficiente y la precariedad de editoriales, librerías, bibliotecas, no pueden ofrecer condiciones óptimas para proyectos ambiciosos de invención, producción y lectura de obras para niños y adolescentes.

Por otra parte, al igual que en el caso de España, factores histórico-políticos adversos por muchos años han perjudicado enormemente cualquier iniciativa que tuviera que ver con la vida cultural. La inestabilidad política y económica de la gran mayoría de los países de Hispanoamérica condicionó profundamente la producción de libros para niños. La terrible historia de dictaduras que marcó a muchos países durante tantos años de la segunda parte del siglo XX afectó la vida de la literatura en general, y por supuesto también de la literatura infantil.

En los últimos treinta años, a pesar de que todavía subsiste un panorama en algunos casos bastante desalentador, en diversas regiones del continente van surgiendo valiosas propuestas de escritores que vieron en el niño no un proyecto para la formación del futuro ciudadano modelo, sino un ser dotado de una muy particular percepción y capacidad, y merecedor de obras donde predomine la función estética. Y en el continente se comienzan a dar procesos políticos, económicos, demográficos y culturales que se combinan para posibilitar un salto cualitativo en la evolución de la literatura infantil.

Todo esto ha posibilitado la evolución de la literatura infantil de manera independiente de las tareas específicas de la escuela, o sea, sin fines extra-literarios. Esta apertura que se hace obvia en los últimos años es también reforzada por un cambio en la mentalidad con respecto a lo que se escribe para niños, que conduce a incorporar muchos temas que no habían sido tratados hasta entonces en la literatura infantil y juvenil. En el marco de estas nuevas tendencias se comienza a considerar que los niños deben ser formados participando de la complejidad de la vida, que no siempre es color de rosa. Así, se va superando la rigidez con respecto a los temas que normalmente no se "permitían" antes en un texto infantil, como lo son la guerra, la muerte, el divorcio, la enfermedad, las minusvalías, la discriminación, las injusticias sociales, el autoritarismo, el humor picaresco, el terror, etc. Estos temas hasta no hace mucho eran considerados inapropiados porque supuestamente asustaban al lector con cuestiones "demasiado realistas", aunque fueran tratadas en un texto fantástico.

Estas nuevas perspectivas en la literatura infantil significarán, especialmente, una invitación hecha al lector para que considere el conflicto como una parte inevitable de la propia vida. Múltiples recursos novedosos, tanto en la ficción realista como en la fantástica, así como en poesía y teatro, se pusieron al servicio de una nueva escala de valores para producir múltiples experimentaciones formales en la literatura infantil. Empiezan a publicarse obras que cuentan con recursos estructurales y estilísticos innovadores, como lo es quebrar la temporalidad, intercalar dos niveles de narración o dos historias, participar del juego intertextual, superar los estereotipos en personajes y situaciones, utilizar técnicas narrativas que promueven la participación activa del lector, destacar explícitamente los mecanismos y el proceso de escritura (discurso y uso del lenguaje), incorporar un humor lúdico y provocador, o no necesariamente concluir con el típico final cerrado.

Esta evolución llevó a la literatura infantil y juvenil hasta terrenos no transitados con anterioridad, dando un salto modernizador que permitió que en la actualidad la literatura actual se propusiera responder a los intereses, gustos, emociones y problemáticas de los niños lectores de nuestro tiempo.

La presente constituye sólo una breve y superficial mención a algunos aspectos históricos que refieren a los antecedentes y al proceso de transición que se han operado en la literatura infantil en español que se viene produciendo en los últimos treinta años, periodo que fundamentalmente nos interesa cubrir en el presente texto. La literatura infantil en lengua española se ha ido modernizando sustancialmente para poder adecuarse al cambio producido en las condiciones de recepción de sus destinatarios. Las obras de hoy responden a otras expectativas, y son expresión de una rica apertura lingüística y cultural, que encamina al texto por rutas que desafían los enfoques dogmáticos y ortodoxos que caracterizaron durante tanto tiempo a los libros para niños en el mundo hispanohablante.

UNIDAD III

Lectores y textos: intereses del lector y criterios de selección de lecturas

1. Los intereses del lector

Los criterios básicos de calidad de una obra literaria destinada al lector infantil no son diferentes de los criterios que se requieren para evaluar una obra pensada para adultos; no obstante, en el caso de la literatura infantil existen ciertos elementos específicos que es preciso tener en cuenta al momento de decidir sobre el material de lectura que pondremos en manos del niño. Esta decisión debe tener en cuenta las etapas del desarrollo psicológico y emocional de éste, sus niveles de evolución cognoscitiva y sus intereses e inquietudes más manifiestos.

Es evidente que, como lo mencionáramos en el capítulo I en relación con los conceptos de "edad cronológica" y "edad lectora", a veces las generalizaciones pueden ser arbitrarias, sobre todo si se intenta establecer tablas rígidas de correspondencia entre la fase evolutiva que le toca vivir al lector y lo que se considera como la lectura más "apropiada" para esa etapa. Un buen lector -aunque sea niño o adolescente-, puede tener acceso a literatura que no ha sido catalogada específicamente para niños o adolescentes, y aun así ser absolutamente capaz de comprenderla, disfrutarla y procesarla intelectualmente. Sin embargo, en líneas generales, las investigaciones realizadas en este campo coinciden en proponer la existencia de momentos o estadios en la vida del lector, en los que éste está mejor preparado emocional e intelectualmente para leer cierto tipo de literatura, y que es justamente la que los adultos responsables deberían estar a cargo de proporcionarle.

Es partiendo de la idea anterior que, al momento de pensar en el proceso de selección de los libros para niños, resulta útil remitirse a los términos básicos descritos en la caracterización de literatura infantil dada por Graciela Perriconi en la Unidad I de este texto. Tal como lo plantea esta autora, la literatura infantil –como toda literatura- es un acto de comunicación, pero en este caso, los componentes de este sistema operan de manera diferente:

emisor	**>>>>>>>>>>**	**receptor**
escritor	**canal : texto**	**lector**
adulto		**niño**

Cuando hablamos de literatura infantil, este fenómeno de comunicación es de una naturaleza especial: un adulto escritor no escribe para que su texto sea leído por otro adulto lector, sino por un niño, un receptor cuyo desarrollo socio-afectivo y cognoscitivo, así como sus experiencias de vida, tienen un alcance distinto que en el caso de los adultos. Por lo tanto, a fin de que los contenidos que quiere comunicar este emisor adulto al lector infantil sean exitosamente transmitidos, o sea, a fin de que la comunicación efectivamente tenga lugar, se considera necesario que el texto que se comunica responda a los intereses del niño en cada etapa de su desarrollo, y se ajuste al nivel del proceso evolutivo por el que éste está transitando. De otro modo, el emisor estará emitiendo algo que el receptor no podrá captar en todo su potencial, o que estará fuera de la órbita de sus intereses, y por lo tanto el proceso comunicativo no se logrará en su totalidad, o directamente podría verse neutralizada.

El resultado de las investigaciones psicológicas sobre el desarrollo evolutivo en el proceso de pensamiento infantil realizado por el psicopedagogo suizo Jean Piaget, constituyen una referencia de gran utilidad para basarse en criterios fundamentados cuando se seleccionar los libros para niños. No obstante, es esencial recordar que, como se aclaró desde un principio, no se trata de ofrecer fórmulas ni recetas para poder elegir los libros para niños, sino de diseñar pautas que proveen una guía para que el adulto pueda ejercer con máxima eficacia su labor de facilitador de la lectura a través de la literatura.

Según Piaget, el ser humano atraviesa básicamente por cinco etapas en la evolución de su desarrollo intelectual:

1. Etapa sensorio-motriz
2. Etapa del pensamiento simbólico preconceptual
3. Etapa del pensamiento intuitivo
4. Etapa de las operaciones concretas
5. Etapa de las operaciones formales [3]

---

[3] En su libro *Un criterio para seleccionar la literatura de los niños* (UCAB, Caracas: 1963), Margarita Dobles traza una tabla en la

Cada una de estas etapas revela características propias en el desarrollo físico, intelectual, emocional y social que son la base, asimismo, para identificar la evolución de los intereses del lector. Conocer estos intereses hará posible inferir el tipo de material literario para el cual este lector y los de su edad están maduros, a fin de que las lecturas que realice sean realmente significativas en su desarrollo psico-social y en sus perspectivas futuras para que lograr la adquisición de hábitos lectores.

Es obvio que las expectativas culturales o individuales pueden diferir ampliamente entre sí, lo cual hace imposible tratar de trazar una especie de tabla universal de intereses lectores. La amplia gama de posibilidades en cuanto a las características personales de cada individuo, sumadas a una serie de factores socio-económicos y personales, impiden generalizaciones válidas al respecto. Sin embargo, los aportes de la teoría de Piaget facilitan la descripción de las formas más típicas en que los niños parecen abordar y comprender un texto literario al pasar por las diferentes edades de su vida, independientemente de detalles particulares y condiciones específicas de cada caso individual.

---

cual establece una correspondencia entre las etapas del desarrollo de la inteligencia propuestas por Piaget, la evolución de los intereses, el nivel de educación (en este caso en las escuelas de Costa Rica) y el material literario adecuado o más recomendable para cada situación. Se recomienda consultar el texto de Piaget *La psicología de la inteligencia,* donde se describen las características básicas de cada una de las etapas.

A su vez, es necesario recordar que cualquier intento por establecer tablas de intereses debe tener como base el cambio, ya que a lo largo del proceso evolutivo, la aparición de nuevos intereses son indicadores de nuevas necesidades físicas, emocionales, intelectuales y sociales y es esencial que éstas encuentren la respuesta literaria adecuada por parte del adulto. Por otro lado, hay que tener en cuenta que los intereses propios de la etapa previa del proceso no desaparecen, sino que son acumulativos, y se van integrando a nuevos y más complejos intereses, propios de los procesos de transición y crecimiento. Se podría afirmar, sin exagerar, que si estos intereses cambiantes son oportunamente aprovechados y adecuadamente capitalizados por facilitadores concientes, se estará incrementando sustancialmente el potencial del lector para que internalice el hábito de la lectura y consolide su amor por la literatura.

2. Los criterios de selección de textos

Teresa Colomer incluye en el capítulo 4 de su *Introducción a la literatura infantil y juvenil* una cita de Bettelheim y Zelan que expresa de manera significativa la decisiva relación que en el acto de leer se establece entre el niño y el libro:

> Nuestra tesis es que el aprendizaje –especialmente el de la lectura- debe dar al niño la impresión de que a través de él se abrirán nuevos mundos ante su mente y su imaginación. Y esto no resultaría difícil si enseñáramos a leer de otra manera. Ver cómo un niño pierde la noción del mundo u olvida todas sus preocupaciones cuando lee una

historia que lo fascina, ver cómo vive en el mundo de fantasía descrito por dicha historia incluso mucho después de haber terminado de leerla, es algo que demuestra la facilidad con que los libros cautivan a los niños pequeños, siempre y cuando se trate de libros apropiados. (Colomer 159)

Este epígrafe refleja claramente la función clave que puede cumplir la literatura en la vida de un lector infantil; y la última frase reitera uno de los puntos básicos de nuestro estudio, que consiste en identificar la naturaleza y el carácter de lo que se consideran libros "apropiados". Este concepto abarca tanto la problemática de la calidad literaria del texto en sí, como de los vínculos que se crean entre este texto y el impacto especial que el mismo puede llegar a tener en un receptor que lo ha de disfrutar en el momento oportuno de su vida.

En este contexto surgen, entonces, las siguientes interrogantes básicas que condicionan nuestra idea de lo que verdaderamente son los libros "apropiados". Interrogantes que se constituyen en una guía clave cuando emprendemos la tarea de construir y renovar el inventario de libros que intentamos poner en manos del lector:

a) ¿cómo identificarlos? Esta pregunta refiere a los rasgos de calidad que tienen los textos; o sea, que ofrezcan una buena integración entre sus valores éticos y estéticos.

b) ¿para quién? Esta pregunta refiere a la adecuación del libro a los intereses y capacidades de los lectores; o sea, tener en cuenta a qué tipo de lector nos dirigimos para saber en qué etapa de su proceso evolutivo se encuentra y cuál es el nivel de su edad lectora.

c) ¿para qué? - refiere a la función que cumple el texto en el lector para conquistarlo al mundo de la lectura; esta pregunta intenta identificar si el objetivo de su lectura es pedagógico o si la meta es que el lector disfrute de la lectura sin ningún propósito utilitarista.

Estas cuestiones en torno a los criterios de selección es todo un reto para los adultos responsables de acercar los niños a los libros. Dichos retos se ven aun más necesarios y complicados de asumir en la actualidad, ya que el mercado editorial divulga constantemente nutridas listas de obras que aumentan cada año y, por supuesto, es imposible ser exhaustivo y abarcar la totalidad de la oferta para establecer su valor literario. Pero sí es posible recurrir a instrumentos que permiten llegar más allá de lo que podría abarcar una lectura individual, que sería más limitada y parcial. Leer las reseñas de las revistas especializadas, prestar atención a premios, partir de las listas bibliográficas ofrecidas por críticos que nos merezcan confianza y respeto intelectual o crear intercambios de lecturas entre padres, bibliotecarios, maestros, son todos medios necesarios y factibles para poder acceder a un corpus de libros que ya ha sido jerarquizado por profesionales especializados, lo cual facilita enormemente la tarea.

Por supuesto que estos criterios de calidad no son universales, y la lista puede ser flexible y adaptable. No obstante, los títulos recomendados vienen avalados por la lectura experta de estudiosos que basan sus sugerencias en el ejercicio sistemático de lecturas informadas -y no en juicios arbitrarios y subjetivos-, ya que se apoyan en su experiencia como lectores y en sus conocimientos como expertos.

En el ámbito escolar la tarea de selección requiere de una mayor sistematización y del compromiso conciente de maestros y bibliotecarios. Cada maestro, por ejemplo, puede ir equipándose con un conjunto de textos que considere valiosos y que le resulten funcionales. Obviamente, para llegar a esta evaluación, se requiere que este maestro haya leído extensiva e intensivamente diferentes géneros literarios y a autores de diversas regiones, lo cual le va a permitir basarse en un conjunto amplio y representativo de obras. En este conjunto de libros recomendados deberán incluirse tanto libros clásicos, reconocidos por ser los iniciadores en la historia de la literatura infantil universal, como libros contemporáneos, escritos desde una mentalidad moderna. La incorporación de distintas posibilidades: poesía, cuentos cortos o largos, álbumes, narraciones humorísticas, fantásticas, realistas, históricas, poéticas, etc., evitando encasillarse en un solo modelo de texto, le otorgará una mayor flexibilidad y riqueza en el proceso de selección e implementación de las lecturas.

Una pregunta válida que suele formularse es en qué medida es posible establecer un criterio objetivo para definir de manera uniforme lo que quieran leer los niños. Es evidente que así como a todos los adultos no nos gustan los mismos libros, a los niños tampoco. Los destinatarios del libro infantil no son "los niños" entendidos como sujeto único y global, sino una diversidad de personas a las que hay que proponerles una oferta de lectura variada que respete su diversidad. No hay libros absolutamente significativos e infalibles para TODOS los niños de cierta edad. Por ello, la base para la selección de libros debe ser lo más abarcadora posible, de manera que contenga una gama lo suficientemente amplia que haga factible encontrar el texto adecuado para cada lector en un momento concreto, ya que, de alguna manera, cada lector construye su propia lectura de los textos y con frecuencia ésta difiere y sorprende al autor y al editor.

La libertad del lector para formar sus preferencias se basa en el hecho de que pueda acceder a una enorme variedad de textos disponibles para poder familiarizarse con ellos. No se desea lo que no se conoce, y por lo tanto, los mediadores deben diseñar estrategias para exponer al lector a distintos tipos de libros, a distintos géneros, y plantearle retos para motivarlo a que se abra hacia nuevas experiencias de lectura.

En relación a la urgencia por lograr que los niños y jóvenes se conviertan en lectores, Teresa Colomer comenta que, aun a veces, hasta la lectura de los libros considerados de no muy buena calidad que abundan en el mercado, es preferible a la ausencia total de lecturas. Su fundamentación radica en que esta experiencia de lectura considerada cuestionable puede eventualmente llegar a convertirse en un hábito lector basado en criterios sólidos de selección, siempre y cuando haya una mediación insistente y conciente por parte de adultos responsables. Por ejemplo, quizá los libros de moda pueden constituir un instrumento de socialización entre los niños, que intercambian ideas sobre la experiencia lectora de cada uno. Los libros fáciles de leer pueden ser también un factor de aliento para algunos niños; al constituir una vivirse como una experiencia no traumatizante, al no ser frustrantes cuando se realiza su lectura, fomentan en ellos la creación de una autoimagen positiva que los anima a progresar posteriormente hacia libros más complejos y mejor seleccionados.

La problemática del grado de adecuación de la literatura al grado de competencia del lector –elemento que por lo general se incluye en las listas de clasificación de los libros infantiles y juveniles-, se basa, sobre todo, en tener en cuenta la evolución de los intereses generales propios de la infancia y la adolescencia. Sin duda, los cuentos populares, los libros sobre las andanzas de un grupo infantil o la aventura iniciática del héroe que alcanza la madurez, responden a inquietudes y preocupaciones presentes en distintas fases de la vida del lector, pero pueden ser más adecuados en ciertos momentos del proceso de construcción de la personalidad que en otros.

Tal como ya se ha afirmado, si bien al escoger un libro es necesario considerar el nivel de competencia lectora del niño, este criterio no se refiere solamente a la extensión que tenga el texto, como frecuentemente se hace, sino a la manera en que están integra-

dos todos los elementos que lo componen, y que tienen que ver con la calidad de la construcción del texto. Por ejemplo, una ilustración demasiado infantil o
esquemática en relación con el texto al que acompaña,
puede tener un impacto negativo en la calidad del
mismo; o una historia de lectura sencilla, pero con
una extensión exagerada, puede afectar el grado de
atención que le dedica el lector, diluyendo o disper-
sando su interés en el texto. Por lo tanto, se trata de
prestar atención más a factores cualitativos y que
cuantitativos.

Y también es preciso –siguiendo nuevamente
las ideas de Teresa Colomer- no recurrir al estereotipo
de identificar mecánicamente un libro breve o un texto lleno de ilustraciones, brillantes y coloridas, con un
lector de menor edad. Si bien en las primeras fases de
su aprendizaje, al no dominar completamente las
habilidades lectoras, el niño se inclina hacia libros con
poco texto escrito, este texto, al ser breve, tiene que
maximizar su potencial para no caer en una simplifi-
cación que sólo logra empobrecerlo y que en definitiva provocará definitivamente un efecto negativo en el
lector.

Es clave, entonces, evaluar el libro en su conjunto para considerar si la selección realizada realmente apunta a *enseñar a leer en un sentido literario* y no
meramente en relación con aspectos de adquisición
técnica de la lectura. De esta forma, se podrá garanti-
zar que el lector vaya avanzando desde su etapa actual hacia niveles de lectura que presenten grados
crecientes de riqueza y complejidad. Lo importante es

que el texto logre un equilibrio ético-estético que lo haga valioso tanto desde el punto de vista estrictamente literario, como desde su perspectiva educativa.

Partiendo de estas pautas de calidad, es posible advertir que muchos de los problemas que más frecuentemente suelen afectar a la mal llamada literatura infantil, son el reflejo de elementos negativos que han plagado los libros para niños desde épocas remotas; por eso una aproximación crítica seria a los libros para niños debe poder identificar estos elementos a fin de que dichos libros no sean incluidos en las recomendaciones.

En un documento elaborado por el Taller Literario de Motivación a la Creación de Literatura Infantil realizado por la Universidad Nacional Autónoma de Nicaragua en el año 2004, se definen varios de estos elementos negativos que reiteradamente pueblan las publicaciones para la infancia. Algunos de ellos son:

a) el aniñamiento
Esta deficiencia parte de una falsa idea sobre lo que es y lo que piensa un niño. Hay adultos que creen que por tener un cuerpo pequeño el menor es casi tonto y carece de la capacidad de definir sus gustos o identificar la calidad de las cosas que lo rodean.

En consecuencia, un texto que minimiza el nivel de inteligencia del lector impacta negativamente en el potencial creativo que deberían tener las palabras, las imágenes y los temas contenidos en él. Buscando lo sencillo hasta sus extremos, se llega fácilmente a la pobreza textual. Entre algunas formas típicas de aniñamiento presentes en los libros para niños es posible encontrar reiteradamente los siguientes "defectos":

- **diminutivismo**: uso inadecuado, exagerado y meloso del diminutivo. Por ejemplo, los textos en que todas las piedras son piedrecitas; las casas son siempre pequeñas casitas; los amigos son amiguitos y compañeritos, etc.

- **aumentativismo**: es la otra cara del diminutivismo. Todo objeto, persona o animal es exageradamente grande o potente: un castillo descomunal; una montaña altísima; unos zapatones enormes, grandototes, etc.; o se abunda en prefijos tales como "super": "supertriste, supergrande", etc.

b) el didactismo

El didactismo concibe al niño, exclusivamente, como sujeto de aprendizaje a través de la literatura. Es un vicio que se presenta en buena parte de los textos infantiles de todas las épocas, y cuya insistencia incide negativamente sobre el posterior desarrollo del pequeño lector, no sólo desde el punto de vista de su hábito de lectura, sino también desde el de la formación y equilibrio de su personalidad.

Si utilizamos la literatura infantil para continuar torpedeando al lector con cargas informativas, acabamos no sólo ahogándolo con datos, sino disminuyendo sus posibilidades naturales de investigar y averiguar cosas, al alejarlo, por cansancio, del hábito de la lectura.

El didactismo no solamente puede pretender instruir a toda costa; también puede ser:

- **moralizante**: utilización del texto literario para comunicar al niño los principios morales propios del autor.

- **religioso**: uso del libro infantil para crear en el niño una tendencia especial hacia determinada confesión o fe religiosa.

- **patriotero**: exaltación, por medio del libro, de determinados valores que exageran la supuesta admiración hacia una nacionalidad o los sentimientos hacia la patria. Su peligro radica no sólo en inculcarle creencias que muchas veces el niño no alcanza a comprender de manera racional y libre ya que suelen ser algo abstractas para él, sino en que al sobrevalorar desmedidamente los símbolos patrios. Esto, a su vez, puede crear una tendencia a distorsionar el verdadero valor del concepto de patria o de otros íconos nacionales, y alentar el desarrollo de actitudes inconscientemente fanáticas.

- **ideologista**: esta forma de didactismo, que a menudo resume las tres anteriores pero que tiene, no obstante, perfiles propios, es la más peligrosa desde el punto de vista de la formación mental del niño. Su propósito es construir en la mente del pequeño lector una predeterminada concepción del mundo, la sociedad y el pensamiento. Esta forma de penetrar en la conciencia del niño, frecuentemente tiene un fin político o partidista. Hay que dejar en claro, sin embargo, que toda actuación del ser humano en cualquier época tiene una marca ideológica.

Es decir, obedece a la forma como el hombre concibe, observa y desea las cosas que lo rodean. Toda persona tiene una concepción ideológica del mundo que le ha tocado vivir, pero no tenemos derecho a inculcarla en el lector.

Todo autor de literatura infantil tiene obviamente su propia y personal visión de la realidad. El problema nace cuando utiliza el libro infantil para manipular la conciencia del pequeño lector hacia determinada concepción del mundo. El niño acude al libro para divertirse, pero sin que él pueda darse cuenta, otros están organizando su mente y su sensibilidad en determinada dirección.

c) el paternalismo

El paternalismo en la literatura trata al lector siempre como a un hijo. El niño entiende que el libro así concebido es una especie de reflejo de la autoridad de sus mayores, y, entonces, ya no se acerca a la lectura tan espontáneamente.

Curiosamente, uno de los problemas más comunes con el paternalismo literario es su forma empalagosa de dirigirse al lector. Se cree, falsamente, que para aproximarse a un niño literariamente es necesario tratarlo de una manera demasiado dulzona, absolutamente artificial para congraciarse con él. En general, en la vida real el niño rechaza instintivamente esta actitud melosa de ciertos adultos real, y con mayor razón lo hará si la misma se presenta en la literatura.

d) la cursilería

Este problema, que también se encuentra con bastante frecuencia en los libros dedicados niños, surge cuando el escritor, queriendo "lucirse" con un estilo literario demasiado adornado, termina produciendo una escritura recargada y afectada, hasta caer en el ridículo y el mal gusto. Lo cursi es mal recibido por los niños, por ser poco espontáneo y natural.

Al **escoger un buen libro**, entonces, es importante tener en cuenta, que todos estos aspectos negativos de los textos afectan el equilibrio ético-estético, y por lo tanto, la calidad de los mismos. Al hablar del componente ético nos referimos a aquel que basa un producto literario en pautas morales y códigos de comportamiento, y cuyo eje gira en torno al valor pedagógico del texto; es aquel elemento de una obra cuyo fin -explícito o implícito- consiste en cumplir fundamentalmente con una función educativa. El componente estético, por otro lado, está armado para resaltar el valor artístico del libro, aquel que se construye para lograr los objetivos de belleza y armonía; aquel cuyo fin es gratificar los sentidos del lector a través de un producto textual "bellamente" armado, que gusta, entretiene, satisface, y cuya lectura produce placer.

El balance entre ambos factores es fundamental, ya que un texto que sacrifica el componente estético por el absurdo temor a que éste "distraiga demasiado" al lector de su supuesto destino formativo, termina transformándose en una pieza literaria sin ningún atractivo artístico.

Desde muy pequeño, el niño puede prestar atención a la lectura de un libro. Es evidente que los primeros libros tienen que ser sencillos y al alcance de su comprensión, pero nunca ser simplistas o esquemáticos, ni caer en los reduccionismos o defectos descritos anteriormente.

La lectura en los primeros años de la vida del niño enriquece enormemente su vocabulario y le facilita el acceso a un lenguaje bien estructurado. Asimismo, le va abriendo el camino para que más adelante se enfrente al texto escrito sin temor y a través de vaya ampliando su vías de acceso a la cultura en general. En esta etapa de lectura el niño disfruta mucho de las ilustraciones, las cuales, al igual que el texto escrito, deben ser de buena calidad y sencillas, de manera que lo inviten a "leer" y siembren su interés hacia los libros.

Se reconoce que **las buenas ilustraciones** tienen el potencial de cumplir con una doble función, primordial en un texto infantil: por un lado, apoyan, refuerzan, enriquecen y complementan el texto escrito, permitiéndole al lector una percepción más amplia de su contenido. Por otro lado, introducen al niño al mundo del arte, ya que el lector puede comenzar a desarrollar gustos en relación con el valor estético de dibujos y trabajos pictóricos que, si están bien realizados, lo van formando de manera más completa, iniciándolo en las habilidades para apreciar otras formas artísticas, además de la lectura literaria.

UNIDAD IV

Los orígenes de la literatura infantil: el folklore

El primer contacto con la literatura lo tiene el niño en su primera infancia, cuando algún adulto le canta las nanas y canciones de cuna que se van transmitiendo de generación en generación por tradición oral, como en los tiempos antiguos cuando la escritura no existía. El niño aprende que la palabra es expresiva y rítmica, que se puede jugar con ella y que produce un contacto afectivo con los padres o con los familiares. Estos acercamientos del niño a la literatura a través de sus padres constituyen un primer paso, en el cual se identifican las funciones expresiva y comunicativa esenciales de la palabra. Más adelante el niño se adhiere a la magia de la narración a través de los cuentos que le relatan. Así, va descubriendo que la palabra ofrece la posibilidad de crear mundos fantásticos que se pueden inventar y reinventar hasta el infinito. Las narraciones de los padres o de los adultos que rodean al niño ayudan de manera definitiva al desarrollo afectivo y emocional de los niños. Y estos primeros pasos en la literatura infantil los da el niño de la mano del folklore.

A fines del siglo XIX se empezó a estudiar el folklore o tradición oral como manifestación literaria especializada. Se comienza a notar un renovado interés en preservar aquella literatura popular que se había transmitido de boca en boca a través de los años. Esto se debe a que la tradición oral que se aprendió desde la infancia y se enriqueció a través de la niñez de repente se vio amenazada por la vida moderna, y el rico repertorio de costumbres culturales fácilmente se vio en peligro de pasar al olvido.

Mucho antes de que se le diera el nombre de "folklore", se había iniciado ya la recopilación de expresiones de la tradición oral, que es la manifestación cultural inicial propia de casi todos los pueblos: sus canciones de cuna, sus usos y costumbres, sus adivinanzas, sus trabalenguas, sus chistes, sus refranes, sus colmos, sus tantanes, sus mitos, leyendas y cuentos. Justamente, los dos componentes que integran la palabra **folklore** (de origen anglosajón: *folk* significa pueblo y *lore*, sabiduría) dan testimonio de todo aquello que identifica a un pueblo y lo une oralmente. En su introducción a su *A la rueda, rueda . . .* , Pedro Cerrillo declara que:

> Desde hace cientos y cientos de años, los niños y niñas de América Latina, como los de otros continentes, han contado, reído y jugado con retahílas, canciones, sonsonetes y cantinelas de muy diversos tipos. Todas ellas son composiciones poéticas que se han transmitido de boca en boca y de generación en generación, formando parte de la cultura y del folclore de cada país. (Cerrillo 7)

El folklore representa ese tesoro cultural que de manera oral se ha venido transmitiendo desde tiempos remotos; desde que las madres han arrullado a sus hijos, desde cuando se formaron las primeras rondas y juegos acompañados de cantos y decires, que recorriendo el mundo han llegado hasta nosotros. Y aunque todas estas manifestaciones primitivas originalmente no hayan sido creadas para los niños, desde sus orígenes, y a lo largo de la historia, los pequeños se han ido apropiando naturalmente de las mismas.

Sabemos por la Antropología Cultural que en los comienzos de las civilizaciones la infancia ha sido incorporada continuamente a las actividades domésticas, culturales, religiosas y políticas de toda la comunidad, y por lo tanto, la creación ritual y literaria de la tribu o el grupo no les fue ajena a los niños. Así que todos los mitos y leyendas, cantos e historias de los orígenes de las culturas, de hecho, eran para los niños también. Y como se ha mencionado, entonces, todas aquellas rondas, adivinanzas, romances, canciones, coplas, son manifestaciones de una literatura oral que se traduce así en los primeros pasos para acercar progresivamente a los niños a la literatura infantil.

¿Quién no ha dicho o escuchado en alguna ocasión frases como : "sana, sana, colita de rana, si no sana hoy, sanará mañana" o "Lero, lero, calzón de cuero, la vaca llora por su ternero. O: "Pasó un negrito vendiendo maní, a todos les dio, menos a mí", o "Adiós, adiós, carita de arroz, si fueras bonita me caso con vos". Independientemente de ciertas connotaciones sexistas o discriminatorias que estos dichos pudieran contener, todas estas expresiones populares se han mantenido vigentes para los que vivimos rodeados de abuelos, tíos o primos que los guardan en su memoria y que al llegar nuevos pequeños a la familia los comparten con ellos. Y estas formas culturales de la tradición han pervivido por cientos de años de generación en generación, propiciando, incluso, la aparición de composiciones similares pero recreadas en la actualidad a partir de las cuales se van dando nuevas versiones de las creaciones originales.

La literatura infantil de tradición oral forma parte de la vida de la persona desde el mismo momento de su nacimiento. El niño, antes de saber leer y escribir, ya participa de manera natural de muchas de estas expresiones. Primero, con las inolvidables canciones de cuna; luego, con las rondas, y más tarde con otras formas que heredó de sus mayores, sin tomar conciencia de que lo que estaba haciendo al internalizarlas y repetirlas era revivir el folklore y la tradición popular.

Las características más sobresalientes del folklore son las siguientes:

1. Es de **origen anónimo**. Aunque algunos textos dedicados a la recopilación del folklore citen algún autor, se debe aclarar que el autor que primero las creó es desconocido, y el autor citado puede ser aquél que proporcionó la información respectiva o fue grabado para la recopilación.

2. Es de **transmisión oral**. Viéndolo como la sabiduría del pueblo, se acepta el hecho de que estas manifestaciones representaban el conjunto de conocimientos contados por abuelas, abuelos, bisabuelas y

bisabuelos a las futuras generaciones. Constituían una forma de enseñanza que se comunicaba oralmente. Los niños adquirían estas costumbres, se adueñaban de ellas y se las repetían a los amiguitos o primitos haciéndole ajustes, a su manera, a la versión original.

3. Esta última práctica constituye la tercera característica, la **recreación en la transmisión**. Debido a que en su origen no se escribían, tanto la expresión adulta como la versión infantil del relato, el poema, la canción, la adivinanza, etc., variaban según quien la decía y así éstas se comunicaban siempre ampliadas, reducidas, o sea, transformadas con respecto a su versión original.

Manifestaciones: algunas de las manifestaciones más conocidas del folklore son las siguientes [4]:

a) Las adivinanzas o acertijos
Reflejan la tendencia natural del hombre a preguntar, y se basan en un juego de ingenio. Lo lúdico es un componente propio de la infancia, y el mecanismo de la adivinanza reta al niño a que acierte la respuesta mientras se entretiene a la vez; y como juego que son, ponen al jugador en tensión, alerta. Muchas veces, los versos que componen una adivinanza se basan en imágenes muy concretas, pero al faltar la palabra clave que posibilita el sentido, no acertamos a entender. Por un momento nuestra mente queda confusa, tensa, despistada.

---

[4] Los ejemplos de manifestaciones folklóricas incluidos en esta unidad fueron extraídos de *Ríe que Ríe*. Madrid: Susaeta Ediciones, S.A., 1991.

Ejemplos:
Una vieja larga y seca que le escurre la manteca. *(la vela)*
Redondito, redondón; no tiene tapa, ni tapón. *(el anillo)*
Oro, no es; plata, no es. ¿Qué es? *(el plátano)*
Agua pasa por mi casa, cate de mi corazón; el que no me lo adivine es un burro cabezón. *(el aguacate)*

Otra categoría de adivinanzas son aquellas tituladas **"Qué le dijo . . ."**
Ejemplos:
--¿Qué le dijo un enfermo al termómetro?
--No marques cero porque me muero.

--¿Qué le dijo el huevo a la sartén?
--Cada vez que te acercas me pones frito.

b. Los colmos
Con un formato de pregunta también se encuentran los colmos, que son pequeños interrogatorios basados en la polisemia o doble sentido de las palabras o frases. Consisten en una pregunta, para la cual el emisor no espera respuesta. La respuesta, en sí, alude a otro significado de la palabra principal empleada en la preguntas. Los colmos no sólo provocan la reflexión y el análisis por parte del niño y sirven para ayudarlo a ampliar su vocabulario, sino que le ofrecen la posibilidad de jugar con los múltiples recursos del lenguaje.
Ejemplos:
¿Cuál es el colmo del jardinero?
--Que la novia lo deje "plantado".

¿Cuál es el colmo de un electricista?
--Conseguir un trabajo por "enchufe".

¿Cuál es el colmo de una mesa?
--Tener patas y no poder correr.

c. Los tantanes

Los tantanes o tan . . . tan . . . son en general descripciones basadas en la exageración, y funcionan usando un adjetivo que se usa en forma hiperbólica o absolutamente exagerada.
Ejemplos:

Era tan delgadita, tan delgadita, que para hacer sombra tenía que pasar dos veces.

Había un hombre tan alto, tan alto, que siempre tenía una nube en el ojo derecho.

d. Las canciones de cuna o nanas

Las nanas mecen los sueños, son palabra y canto que induce al niño a dormir. Independientemente de su lugar de origen, aun las nanas de lugares muy distantes del planeta suelen tener una misma estructura: se comienza invitando al niño a dormir, luego le sigue una especie de amenaza –a veces explícita, otras implícita- si no se duerme, a continuación se promete un premio si lo hace y finalmente la canción se cierra cuando llega el sueño.

Duérmete niño en la cuna
duérmete, niño en el ro
que a los pies tienes la luna

y a la cabecera el sol.

O esta otra:
Cuatro esquinitas
tiene mi cama
cuatro angelitos
guardan mi alma

No obstante, a pesar de la ternura que supues-
tamente acompaña su canto, en el afán de lograr hacer
dormir al niño, estas canciones de cuna tradicionales
con frecuencia contienen un mensaje negativo que, de
acuerdo con concepciones contemporáneas conside-
ran algo traumatizante.
Ejemplos:
A ru ru, mi niño,
A ru ru ru ya.
Duérmase mi niño,
Porque viene el cuco,
[Porque viene el viejo,
Y se lo comerá.
Y se lo llevará.]

e. Los trabalenguas
El trabalenguas es como un juego en el que una
breve frase difícil de pronunciar debe decirse rápidamente y sin equivocarse. Esto suele llevarse a cabo
mediante la repetición de letras, sílabas o palabras y
muchas veces carecen de sentido, pero su propósito es
mostrar habilidades para hacer frente a un reto lingüístico y no expresar una idea lógica.
Ejemplos:
Como poco coco como,
poco coco compro.

Teresa trajo tizas hechas trizas.

Pablito clavó un clavito
en la calva de un calvito
En la calva de un calvito
un clavito clavó Pablito.

f. No es lo mismo . . .

Estas cortas expresiones se basan en invertir el orden de palabras en una frase para obtener una segunda opción que contrasta con la idea de la frase original. Al igual que los colmos, el inicio es siempre el mismo, ya que comienzan siempre con "No es lo mismo".

Ejemplos:

No es lo mismo discos de amor, que a mordiscos.

No es lo mismo me río en el baño que me baño en el río.

g. Los proverbios o refranes

El proverbio, refrán o dicho, es el ejemplo entre la serie de muestras folklóricas que se colecciona con mayor frecuencia. Como casi todas las expresiones folklóricas, el proverbio no fue creado con el niño en mente, pero con frecuencia se ha simplificado con el fin de que sirva para transmitirle ciertas enseñanzas al joven oyente, quien se supone debe reflexionar sobre las mismas y aplicarlas a la vida cotidiana para comportarse de acuerdo a su contenido aleccionador. Muchos de los refranes, proverbios o dichos requieren de

una labor de interpretación por parte del receptor, ya que no siempre su significado es obvio.
Ejemplos:
Más vale solo que mal acompañado.

Cae más pronto un hablador que un cojo.

Perro que ladra no muerde.

La zorra nunca se ve la cola.

h. Las rondas
Las rondas tradicionales han formado parte de los principales juegos de la niñez en épocas pasadas. Los niños se toman de la mano y forman un círculo, así cantan y bailan en medio de movimientos, risas y juegos.
Ejemplos:
Cucú, cucú, cantaba la rana
Cucú, cucú, debajo del agua
Cucú, cucú, pasó un marinero
Cucú, cucú, de capa y sombrero...

O las inolvidables "A la víbora de la mar", "Matarile, rile, ron", "Que llueva, que llueva, la vieja está en la cueva", "Arroz con leche", etc.

Son múltiples y de diversos tipos las expresiones del patrimonio popular. Y todas estas manifestaciones forman parte de la literatura de tradición oral y reflejan un interés por revalorar el legado cultural que la humanidad ofrece a las generaciones jóvenes. El problema es que en la vida moderna la cadena oral de transmisión se va haciendo cada vez más débil, y, por lo tanto, es urgente que se tomen medidas para protegerla y traspasarla a través de la institución escolar.

Muchas veces se menosprecia este tipo de literatura porque su origen popular para algunos lo hace "menos prestigioso". Es por eso que se enfatiza hoy en día la importancia de que en la escuela se reivindique tanto la literatura oral tradicional como la que se produce en la actualidad. Sobre la base de esas tradiciones, la escuela debe asumir un papel activo en la preservación y apreciación del folklore por el significado que ésta tiene en la recuperación de la herencia cultural. Los maestros cumplen con una función esencial para que se conozcan, transmitan y revitalicen esas expresiones culturales, que no deben ser concebidas como piezas arqueológicas o muestras de museo, arcaicas y guardadas en vitrinas intocables, sino como valiosas fuentes a partir de las cuales se desarrollaron las formas modernas de literatura, y que vale la pena rescatar, mantener y disfrutar.

UNIDAD V

El cuento

La literatura no refleja la realidad, no la copia, no la imita, construye su propia realidad a través de las palabras. Crea su mundo con sus leyes, con sus personajes, con sus historias. Esa realidad debe ser creíble para el lector en el espacio de la lectura, aunque no exista fuera del texto.

Estas son las condiciones de la ficcionalidad: crear realidades, mundos posibles pero hechos de fonemas, de palabras.

El hablar literario crea un mundo "posible" que no está sujeto al criterio de verdad, y por eso, de ese mundo no se puede decir que sea verdadero o falso; esa ficción debe entenderse como un hecho estético, como una función particular del lenguaje de la que nacen universos inventados, que tienen validez literaria.

Sin embargo, no se puede negar que todo texto literario alude a personajes, hechos, lugares o situaciones que pueden tener existencia reconocible en la realidad; pero, en el momento en que son instaurados por la palabra literaria en un mundo ficticio, pasan a ser patrimonio de la ficción. La obra literaria, entonces, es un mundo construido dentro y a partir de la palabra, que se organiza y funciona según sus propias normas.

Para que la ficción pueda ser aceptada y entendida como tal, debe cumplir con su función comunicativa; o sea, debe ser percibida como producto ficcional por sus lectores, aunque esta ficción lleve engañosamente al lector a concebir lo que lee como si fueran "verdades". . Esta sensación de verosimilitud que se crea en el texto está basada en ciertas leyes que no son necesariamente las que funcionan en el mundo real; lo que ocurre al interior del texto debe responder a una coherencia interna tal que nos permita creer en lo que pasa en el texto, aunque eso que pasa únicamente sea posible dentro del universo literario.

Seppia, Echemaite, Duarte y Almada proponen pautas básicas para la comprensión de esta dinámica de la ficción :

> La relación comunicativa que se establece en el acto de la lectura se manifiesta, entonces, en lo que se conoce como "el pacto ficcional" que se establece entre el emisor y el receptor, sin el cual es imposible leer la ficción literaria. Este pacto nos permite entrar en el juego de la literatura adhiriendo voluntariamente a las siguientes dos reglas
>
> 1. Usted sabe que yo miento pero a usted no le importa que lo haga, porque mi finalidad no es darle información ni verdadera ni falsa. Yo soy un mentiroso autorizado.
> 2. Me comprometo a que mi trabajo, el texto literario, sea verosímil y que además sea un producto estético. (75)

Por lo tanto, en ningún momento hemos de exigir a la literatura que refleje la realidad sino que aceptamos la propuesta de que la invente; lo que se está fundando en el texto es otra realidad, ajena, diferente, nueva, completamente literaria. Y esa realidad otra que existe sólo en el espacio del libro también se plasma en el cuento, el género más popularizado en la literatura para niños.

El origen del cuento se remonta a tiempos tan lejanos que resulta difícil indicar con precisión una fecha aproximada de cuando alguien creó el primer cuento. Se sabe, sin embargo, que los más antiguos creadores de cuentos que hoy se conocen han sido los pueblos orientales. A partir de allí se extendieron a todo el mundo, narrados de país en país y de boca en boca. Desde las narraciones tradicionales que llegaron hasta nuestros días por vía oral, o el Panchatantra de la India -que se afirma fue una de las manifestaciones cuentísticas más antiguas-, *Las mil y una noches*, las leyendas y mitos relatados por las comunidades indígenas prehispánicas, hasta las creaciones contemporáneas ya en el ámbito de la literatura escrita, el cuento ha tenido una significación especial en la historia de la literatura.

Se sabe que las culturas de todos los tiempos manifestaron de diferentes maneras sus deseos de contar sus vivencias. Los adultos tuvieron la necesidad de trasmitir sus experiencias –vividas o inventadas- a los más jóvenes con el propósito central de conservar sus tradiciones y su idioma, y para enseñarles a respetar las normas ético-morales establecidas por su cultura ancestral. Y, justamente, los valores del bien y el mal se presentaban encarnados en los personajes que emergían de la propia fantasía popular, y que eran incorporados a las historias que se contaban. Pero también se contaban y se cuentan cuentos con una función aleccionadora, sino con el fin de hacer participar al oyente o lector de la magia del relato que narra la vida desde una perspectiva diferente: la literaria.

La escritora y crítica argentina Graciela Montes expresa así su concepción sobre los cuentos:

> Los cuentos son una ocasión que permite la instalación de otro tiempo en este tiempo: producen un cambio y habilitan la fabricación de mundos nuevos. Los hombres no pueden vivir sin mundos, por eso arman conjeturas, albergues de significados y se convierten en hacedores de metáforas y lenguaje. (Montes 1)

Y la experiencia del contacto con la literatura – como también lo expresaba Graciela Montes- no es otra que la experiencia del contacto con el arte. Un contacto vivencial que nos lleva a meternos de cuerpo y alma en lo que se cuenta y ser protagonistas de eso que se cuenta; que nos incita a alegrarnos y a entristecernos con los personajes, a buscar soluciones, a crear, vivir y revivir una y mil veces los hechos narrados u otros que surjan en nosotros a partir de éstos.

En cuanto a su formato y naturaleza, dentro del género narrativo existen ciertas distinciones entre el cuento y la novela. Los cuentos, por oposición a las novelas, son estructuras unitarias más breves, rara vez se subdividen en relatos o capítulos, generalmente se centran en uno o dos acontecimientos centrales, y suelen presentar pocos personajes.

Se puede afirmar que existe un conjunto de elementos se integran coordinadamente para dar como resultado un cuento bien logrado, en donde la armonía entre **lo que se cuenta** y **cómo se lo cuenta** da evidencia de un trabajo artísticamente logrado por parte del escritor, para alcanzar el tan ansiado balance entre sus valores éticos y sus valores estéticos.

A efectos de poder establecer el nivel de calidad de un cuento es importante, entre otros aspectos, evaluar los componentes individuales que lo integran, y ver de qué manera éstos se compaginan y combinan para conseguir un mejor impacto en el lector. Algunos de los componentes más relevantes que es necesario analizar en la estructura de un cuento son la trama, el tema, los personajes, la ambientación, el estilo, el narrador, las ilustraciones o incluso el formato o la presentación física del texto. Todos estos elementos deben conjugarse coherentemente en la construcción del cuento con el objetivo de poder ofrecer una obra bien lograda, y responden a interrogantes básicos cuando exploramos las estrategias de construcción formal de un texto narrativo. Por ejemplo:

> **b) la trama:** responde a la pregunta sobre qué es lo que ocurre en el cuento, y da cuenta del tejido de la historia narrada.

c) **los personajes:** responde a la pregunta sobre quién o quiénes protagonizan los acontecimientos que ocurren en el cuento; los personajes son vehículos de la acción narrativa.

d) **la ambientación:** responde a la pregunta sobre dónde y cuándo suceden los acontecimientos que se narran en el cuento, y proporciona su dimensión espacio-temporal.

e) **el estilo:** responde a la pregunta sobre cómo está escrito el cuento, cuáles son los recursos utilizados, el tono, el lenguaje, etc. Alude a las estrategias formales que se usaron para escribir el texto.

f) **el tema:** responde a la cuestión central sobre cuál es la idea, el núcleo de sentido que se quiere lograr transmitir a través del contenido del cuento.

En un cuento bien construido, estos elementos que lo organizan internamente funcionan de manera armónica, y proveen al lector, al crítico o al educador los instrumentos para que éstos puedan identificar la coherencia interna del texto y su nivel de organización, lo cual contribuye también a evaluar sus rasgos de calidad.

1. La narración realista y la narración fantástica

Tal como se afirmó al principio del presente capítulo, la obra literaria es una obra ficcional. Esta ficción puede manifestarse como ficción realista o ficción fantástica. Aunque muchas veces las fronteras que separan lo fantástico de lo real no son muy definidas ni claras, en general, como veremos, es posible identificar algunos aspectos sobresalientes que caracterizan a ambos tipos de narración.

1.1 El cuento realista

Un vistazo panorámico a los temas tratados a lo largo de la historia de la literatura infantil permite afirmar que, mayormente a los niños se los ha expuesto a textos que intentaban darles una visión demasiado edulcorada o sobreprotectora sobre la vida, sin tener en cuenta que a éstos también les gusta saber y hablar de temas cercanos y presentes en la realidad del mundo en el que viven.

Conscientes de esta situación, muchos escritores contemporáneos están haciendo posible que el realismo en la literatura infantil vaya ganando poco a poco sólidos espacios que comienza a compartir con la ficción fantástica, la cual hasta no hace mucho predominó ampliamente en la narrativa para niños.

El cuento realista expone acontecimientos reales en tiempos posibles y con personajes factibles. El contenido o los personajes y las situaciones presentados en un cuento realista pueden tener existencia extratextual (fuera del texto, en la vida real).

Las características básicas que se identifican generalmente en un cuento realista suelen ser las siguientes:

    a. la trama y los personajes se desenvuelven dentro de las coordenadas de la realidad.

b. los acontecimientos narrados siguen una causalidad natural: se rigen por una secuencia de causa>efecto, tal como ocurre en la vida real.

c. los sucesos que se narran siguen una lógica racional y generalmente son cronológicos.

d. el mundo narrado está enmarcado en el mundo que rodea al lector, el mundo real.

e. no hay intervención de elementos sobrenaturales ni fantásticos.

f. el narrador es humano, o sea que la historia está contada desde el punto de vista de una persona, que puede ser un personaje del cuento o no.

El realismo en la literatura suele manifestarse mayormente en los cuentos para niños en cuatro variantes:

- realismo animal: es muy frecuente en la narrativa infantil. Se narran aventuras que viven los personajes animales, que protagonizan acciones posibles de ser realizadas por animales en el mundo real. No existe la antropomorfización, fenómeno por el cual se atribuyen características humanas a personajes no humanos (animales que hablan, objetos que piensan, cosas que actúan como si fueran personas).

- realismo de cuestiones personales, familiares y de la vida cotidiana: trata de situaciones que viven los personajes tanto a nivel individual como en su contexto familiar, y narra acontecimientos con los que es posible enfrentarse en la vida común. Por lo tanto, incluye tanto aquellos elementos agradables y positivos, como los negativos y desagradables, pero que ciertamente son reconocibles en la realidad de nuestras vidas. Algunos ejemplos pueden ser: mudarse de casa o ciudad, la llegada de un hermanito/a, la muerte de un ser querido, la transición y adaptación a cambios físicos y psicológicos, el divorcio, la drogadicción, la vida escolar, etc., es decir, conflictos humanos que es posible encontrar en la vida de todos los días. Algunos de estos contenidos reflejan situaciones más complejas y otros, como la caída de un diente o el miedo a la oscuridad, representan circunstancias sencillas con las que el lector más pequeño suele sentirse fácilmente identificado.

- **realismo histórico:** son narraciones que tienen una base histórica, a partir de un acontecimiento que realmente sucedió o de la vida personajes que existieron de verdad y que protagonizaron hechos que pasaron a formar parte de la historia de las sociedades. No obstante, aunque se trate de elementos reconocibles fuera del texto, en la historia de las sociedades, el cuento en sí es un producto literario, ya que no se trata de un texto informativo o un documento histórico, sino de un texto literario que ficcionaliza la historia real.

Por tener una base histórica, estos cuentos están ambientados en el pasado y generalmente son usados enfatizando el aspecto ético de la literatura porque suelen implementarse con propósitos pedagógicos para mostrar aspectos de la historia a través de la literatura. Por esta razón, este tipo de cuento realista suele ser muy usado en el salón de clase.

- **realismo social:** se narran acontecimientos en los que los personajes enfrentan y resuelven conflictos que les plantea la sociedad en general o la comunidad particular en la que viven. Cuestiones tales como la diversidad cultural, lingüística o religiosa, la discriminación y el racismo, la violencia, la amistad, la guerra, la pobreza, la problemática de los inmigrantes, los prejuicios, etc. forman parte de los contenidos relatados en este tipo de cuentos.

En realidad, muchos de los asuntos presentados en los cuentos que tratan cuestiones de realismo social coinciden con los que se cubren en los cuentos de realismo personal, familiar o de la vida cotidiana. Debido a que ni la familia ni el individuo son entes aislados de la sociedad en la que viven, los contenidos de ambos tipos de cuentos realistas reflejan situaciones similares, pero desde perspectivas que enfatizan la acción individual en una, y la social o comunitaria en la otra. Por ejemplo, problemas como el alcoholismo o la drogadicción, que se dieron como referencia en el realismo de cuestiones personales y familiares, son también problemas sociales, y muchos cuentos los manejan desde este punto de vista.

1.2. El cuento fantástico

Lo fantástico suele definirse a partir de lo que aparenta ser su opuesto: lo real. A pesar de que la polémica sobre los contrastes y diferencias entre el realismo y la fantasía se remonta a los orígenes mismos de la literatura, todavía hoy no es posible llegar estrictamente a una definición satisfactoria acerca de los límites que dividen a uno y otro. Por otra parte, resolver esta polémica en verdad no se considera crucial, y establecer tales distinciones sólo pueden interesar a efectos de describir algunas de sus características respectivas.

Joel Franz Rosell comenta que el término fantasía viene del griego *phantasia*, que en latín se llamó *imaginatio* y que en la evolución de la filosofía y la psicología sirvieron indistintamente para denominar la facultad de representar lo que no está presente y de crear en la mente lo que en la realidad no existe. En este sentido, la narración fantástica hace referencia al mundo de lo mágico, donde los seres y las cosas obedecen a leyes físicas, espacio-temporales y de conducta diferentes de las del mundo que llamamos objetivo.

La fantasía ha ocupado siempre un lugar dominante en la literatura infantil, pero ello no significa que un cuento fantástico se limite a narrar situaciones que no tienen como referente algún aspecto del mundo real. El cuento fantástico de alguna manera contiene siempre algún elemento realista, pero en su trama pueden ocurrir hechos que no siguen una lógica racional, o que están protagonizados por personajes que no es factible reconocer en el mundo real, o que realizan acciones imposibles de presentarse en la realidad extratextual. Su existencia sólo tiene vigencia dentro del texto.

Algunos de los elementos que permiten identificar la presencia de la fantasía en los cuentos son:

- personajes antropomorfizados: se trata de personajes que no siendo humanos, se comportan como si lo fueran, por ejemplo animales personificados que hablan, razonan e interactúan como personas.
- objetos animados: intervienen objetos que actúan como si tuvieran vida independiente.
- presencia de duendes, gnomos, genios, monstruos, brujas, hadas, fantasmas, dragones, gigantes, etc.
- inversión de la lógica causal: cuando en una acción se presenta primero el efecto y luego la causa, en lugar de seguir la secuencia racional de causa-efecto.
- intervención de seres extraterrestres o sobrenaturales.
- superposición temporal o espacial sin una conexión lógica.
- fenómenos inexplicables desde la perspectiva de la lógica racional: cambios exagerados y absurdos de tamaño o estado, apariciones y desapariciones, metamorfosis, objetos o seres humanos que vuelan o levitan venciendo las leyes de la gravedad.
- el narrador puede ser tanto un narrador humano como un animal, o cualquier otro tipo de ente, o sea, que un objeto o un animal pueden estar narrando el cuento.
- en general, situaciones que no pueden suceder en la vida real o que están protagonizadas por

personajes que, desde el punto de vista racional, no pueden existir en el mundo natural

Tanto el cuento realista como el cuento fantástico, como se ha dicho, son productos ficcionales; su contenido está enmarcado en mundos inventados por un escritor, y su propósito es poder llegar al lector con una intencionalidad artística que genere, alimente y desarrolle en él el placer de su lectura.

Magdalena Helguera reafirma el énfasis en este objetivo placentero de la lectura a través de un significativo comentario sobre su propio trabajo de escritora:

> Si el protagonista del libro que leo a mis niños descubre las nubes cambiando de forma en el cielo, dejemos a los niños que las descubran con él, no interrumpamos el descubrimiento ni ahoguemos su magia con explicaciones sobre la evaporación y la condensación y el ciclo del agua en la naturaleza. Si quiero explicar este ciclo, puedo hacerlo en cualquier momento y en forma interesante; los niños van a escucharme. (Helguera 5)

Siguiendo a esta autora, coincidimos en que la literatura bien leída, con una mentalidad abierta al disfrute artístico, por sí sola, sin moralejas ni lecciones a aprender, "forma personas porque sensibiliza haciendo sentir, desarrolla la inteligencia haciendo pensar, siembra tolerancia y mejora la comunicación porque nos pone por un rato a vivir en el pellejo de otros". (Helguera 3)

Los cuentos infantiles, sean realistas o fantásticos, deben funcionar como productores de gozo y de felicidad: la felicidad que brinda el acto de leer porque sí, aunque su contenido no siempre sea gratificante o su final no siempre sea "feliz". Un cuento para niños bien concebido ofrece una plataforma valiosísima para la puesta en juego de la imaginación, la creatividad y el descubrimiento de nuevos mundos. La literatura tiene el poder de crear esos mundos, en los cuales la fantasía es capaz de transformar lo real en imaginario, allí donde el texto se abre a espacios maravillosos que pueden habitar en el más sencillo de los cuentos.

UNIDAD VI

La leyenda

La experiencia de escuchar y contar relatos han sido desde siempre necesidades primarias y naturales del ser humano. Desde épocas primitivas, en que los hombres se transmitían sus observaciones, sus impresiones y sus recuerdos, y los iban retransmitiendo por vía oral, de generación en generación, los personajes de los cuentos eran los portadores del pensamiento y el sentimiento colectivos de su tiempo. De ahí que muchos de los cuentos populares de la antigüedad reflejan el asombro y el temor que sentía el hombre frente a muchos de los fenómenos de la naturaleza aún desconocidos para él. Pero, a medida que el ser humano va descubriendo las leyes físicas de la naturaleza y la sociedad, en la medida en que avanza la ciencia y el conocimiento para que pudiera comprender de manera racional el mundo que lo rodeaba, se va dando cuenta de que el contenido de los cuentos de la tradición oral, más que narrar los acontecimientos reales de una época y un contexto determinados, son sobre, todo, productos de la imaginación popular.

Estos relatos que nacen de la tradición oral, por el hecho de haber sufrido modificaciones con el transcurso del tiempo, no tienen un formato definitivo ni único, sino fluctuante y variado. A la versión creada por el primer narrador, generalmente anónimo, se van agregando diferentes aspectos positivos y negativos que a veces la enriquecen otras la empobrecen, que son creadas por otros narradores que, a su vez son también anónimos. Este carácter anónimo reside en el hecho de que –tal como ocurre en todas las expresiones del folklore-, se desconoce quién fue su autor original, así como el momento y el lugar precisos en que fueron creadas. Y tales modificaciones tampoco han sido iguales en todos los tiempos y lugares, de manera que muchas veces existen decenas y acaso centenas de versiones de un mismo relato, el cual se va adaptando a las distintas realidades de la comunidad cultural que los cuenta.

Una manifestación típica de este tipo de relatos y una variante específica del género cuento son las leyendas. Por su propia naturaleza se suele ubicar a la gran mayoría de las leyendas que abundan en los textos para niños en la categoría de narración popular de tipo folklórico, ya que su formato se hereda generalmente de épocas pasadas, y contiene los rasgos propios de transmisión oral y recreación en la transmisión típicos de las manifestaciones del folklore.

No obstante, aunque en la literatura infantil predominen las leyendas tradicionales o folklóricas, existe hoy día un valioso trabajo de reescritura de leyendas antiguas, rescatadas de la tradición por autores contemporáneos. Estos escritores asumen el proyecto de recrearlas porque ven en la leyenda una reivindicación de valiosas expresiones de la cultura popular de nuestros antepasados. En este sentido, se considera importante que las mismas sean transmitidas al receptor infantil, porque de lo contrario se correría el riesgo de privar a las nuevas generaciones de este valioso testimonio de las culturas ancestrales.

Además de estas leyendas tradicionales, está la significativa contribución de escritores que en la actualidad crean nuevas leyendas siguiendo el formato de la aquéllas, pero con un enfoque moderno. Estas leyendas, por supuesto, no son folklóricas, ya que se conoce quién es su autor y su transmisión ya no se realiza por vía oral, sino escrita.

El subgénero leyenda ha sido y es muy cultivado en los libros destinados a los niños. Uno de sus atractivos reside justamente en una de las características principales que la identifican: el carácter fantástico y misterioso que rodea al núcleo del relato. La historia contenida en una leyenda inicialmente tiene una base o núcleo que podría ser real, pero en torno a esa base se construye una serie de elementos imaginarios o inventados con una amplia gama de posibilidades narrativas.

Las leyendas, se puede decir, son tan antiguas como la humanidad; pero fue en la Edad Media que se empezaron a escribir y a ser aceptadas por los lectores de la época como historias válidas sobre eventos o situaciones que quizá pudieron realmente haber ocurrido, pero cuya veracidad no es posible confirmar. Y estas historias, resultado de la riquísima creatividad del imaginario popular, han surgido y se han desarrollado en todos los pueblos del mundo; a veces son tristes, a veces alegres, a veces tenebrosas, a veces humorísticas, pero casi todas provienen de rumores que se van enriqueciendo y alimentando a través de los tiempos.

En toda América Latina la literatura infantil se ha ido nutriendo por siglos de la literatura oral de las comunidades indígenas, de los cuentos, mitos y leyendas que explican el origen o el nacimiento de los pueblos, los fenómenos de la naturaleza o los hábitos y características de algunos animales. Éstas son narraciones que se han ido transmitiendo de generación en generación, que representan las diversas interpretaciones del mundo propias de una época y una comunidad, y que, por lo tanto, constituyen expresiones valiosísimas de la cultura de los pueblos que les dieron origen.

Casi todas las leyendas tradicionales han recorrido enormes distancias y largos periodos de tiempo antes de llegar hasta nosotros. Pero es importante destacar que en nuestro continente ya existían leyendas antes de la llegada de los europeos, algunas de las cuales han mantenido intacto su contenido casi en su totalidad, mientras que otras se fueron mezclando con las que llegaron con los viajeros y colonizadores de Europa, Asia y África, recibiendo el toque particular de cada región cultural de la cual provenían.

En nuestro continente han sobrevivido algunas leyendas que hablan del pasado indígena y que ayudan al niño a entender el mundo mágico de las culturas originarias y la idiosincrasia de los pueblos primitivos. Y en este sentido, es importante destacar que en lo que hoy es el mundo hispanohablante del continente americano, existió desde tiempos remotos un riquísimo patrimonio de leyendas indígenas que reflejaban la cosmovisión de los pueblos que originalmente habitaron estas tierras. Con la conquista española se intentó silenciar estas narraciones autóctonas, como otra forma de imponer la cultura colonial a los pueblos indígenas; tal es así, que muchas de las leyendas originales, al convivir con las leyendas importadas por los españoles dieron como resultado un peculiar sincretismo narrativo en el que aún hoy conviven entremezcladas ambas visiones del mundo: la de los indígenas y la de los conquistadores. No obstante, afortunadamente, numerosas leyendas originales, especialmente las leyendas de orígenes, se han mantenido a salvo de la influencia española y han pervivido por cientos de años, transmitiéndose y recreándose oralmente hasta llegar a nuestros días. Por supuesto que la versión que llega a nosotros es una traducción de las lenguas originarias en las que estas historias fueron concebidas.

1. Clasificación

En el caso de la literatura infantil, una posible clasificación de las leyendas de acuerdo con su contenido y con la temática que tratan, las agrupa fundamentalmente en las siguientes tres categorías[5]:

a) Leyendas de santos o hagiográficas

Muchas de estas leyendas de la tradición cultural europea fueron basadas en vidas de santos que realizaban hechos milagrosos. Se relatan aconteci-

---

[5] Aunque existen también otros tipos de leyendas, su presencia en los textos para niños no es tan frecuente.

mientos maravillosos protagonizados por personajes religiosos del santoral o de la historia bíblica y que pasaron a la historia por obra de la fe y las creencias populares.

b) Leyendas de héroes

Muchas figuras legendarias son héroes nacionales, como el Rey Arturo o Carlomagno, de los cuales se han narrado y después escrito detalladas leyendas. Estas leyendas son una mezcla de realidad y fantasía y dicen esencialmente la verdad acerca de ciertos aspectos de la vida de los héroes, pero también cuentan aventuras increíbles, algunas de ellas describiendo las hazañas de estos personajes, que han pasado a la historia por su entrega y dedicación a diversas causas. Un ejemplo de ello son las leyendas del Rey Arturo y los Caballeros de la Mesa Redonda, conocidos tanto por su cortesía y valor, como por su lealtad y su honor.

También son considerados héroes algunos personajes que operaban al margen de la ley, como el conocido Robin Hood y sus hombres, que eran admirados y queridos por su defensa de los más pobres y necesitados. Otro ejemplo podrían ser los cantares de los juglares, que actualmente tienen su versión mexicana en los corridos, por medio de los cuales el oyente se entera de las aventuras increíbles de héroes que se volvieron famosos por su acción tanto dentro como fuera de la ley.

También en México está el ejemplo de Pancho Villa, ya que en torno a la vida de este reconocido personaje se han tejido innumerables relatos, algunos de los cuales dan evidencia de una base comprobable de verdad histórica, pero están rodeados de narraciones cuya verosimilitud no se ha verificado. Es así que la imaginación popular lo ha terminado convirtiendo en un héroe "legendario".

c) Leyendas de orígenes

Este tipo de leyendas fueron creadas por la necesidad natural del ser humano de dar explicación a su existencia y al mundo que lo circunda. Cuestiones tan importantes como la creación del hombre, el origen del universo, los fenómenos naturales, la existencia de la flora y la fauna, los movimientos telúricos, meteorológicos, etc., asombraban al hombre primitivo a tal punto que, intrigado por encontrar respuestas a semejantes incógnitas, y al no contar con recursos explicativos de fundamentación racional, inventaba historias. Estas historias satisfacían su curiosidad y tranquilizaban su espíritu ante la inquietud frente a lo desconocido, y poco a poco se fueron constituyendo en lo que hoy conocemos como leyendas. Su propósito principal es establecer un nexo -muchas veces mágico- con el origen de las cosas o la explicación sobre cómo los seres y las cosas llegaron a ser como son o como hoy las entendemos.

Estas leyendas, las leyendas de orígenes o de hechos naturales, es el tipo que con mayor frecuencia se encuentra en los textos para niños, lo cual se ve reflejado tanto en las leyendas tradicionales como en las modernas.

Como se ha mencionado, entonces, siguiendo la línea del folklore, las leyendas tradicionales que conocemos como "leyendas infantiles" no fueron creadas originalmente para ser contadas o leídas a los niños; pero en reconocimiento a su valor cultural, se les han hecho adaptaciones, simplificando su estilo y su lenguaje, para que ponerlas a disposición del lector infantil a fin de que éste pudiera también disfrutarlas. Por no haber sido creada originalmente para niños, a las leyendas tradicionales infantiles se las ha catalogado como parte de la "literatura recuperada" o "ganada", ya que, al igual que muchas manifestaciones del folklore, se "recuperan" o "ganan" del pasado porque se reivindica su valor cultural, salvándolas del olvido.

Como se ha mencionado, en la época contemporánea se siguen creando leyendas para disfrute del lector infantil, aunque, obviamente, ya no se trata de leyendas tradicionales o foklóricas cuyo autor es desconocido, sino de aquellas en las que es posible identificar quién las creó. Éstas funcionan con mecanismo similar y con las mismas estrategias narrativas que las leyendas tradicionales, pero con un enfoque actualizado, para narrar el origen de las cosas y dar explicación de por qué éstas son como hoy las conocemos.

2. Formato

Por lo general, el formato típico que es posible encontrar en la estructura de la mayoría de este tipo de leyendas, ya sean folklóricas o modernas, se basa en el siguiente esquema:

a) apertura - se presenta la historia a narrar, planteando un interrogante que intenta motivar al lector a preguntarse acerca del origen desconocido y mágico de elementos conocidos y reales del mundo que lo rodea. Muchas veces este tipo de leyendas comienza con frases claves como: "dicen que..." "se dice que..." "cuentan que"...", "hace muchos años...", cuya forma impersonal implica aceptar que no se sabe quién lo dice o quién lo cuenta, dándole así ese carácter misterioso o de incógnita a resolver que suelen tener las leyendas, especialmente las de orígenes.

b) desarrollo - se relata la secuencia de acontecimientos que conducen a que el lector acepte la propuesta fantástica que le va a proporcionar la leyenda, para que al cierre de la misma éste dé por satisfecha su curiosidad inicial.

c) conclusión - se cierra la leyenda mediante la exposición de las razones por las cuales las cosas y los fenómenos llegaron a ser como ahora los percibimos, invitando tácitamente al lector a que sea cómplice de la historia relatada, o sea, , a que se adhiera voluntariamente a esta explicación "irracional" –pero muchas veces sumamente poética- del mundo que lo rodea.

Si bien la identificación y descripción de estos tres pasos responden a un enfoque algo simplificador y esquemático, reflejan la organización que usualmente se presenta en la estructura típica de las leyendas de orígenes, que son las leyendas que más comúnmente se destinan a los niños, y que suelen tener sobre éstos un especial poder de atracción.

UNIDAD VII

La fábula

Se suele definir a la fábula como un tipo de narración breve que tiene como personajes son principales a animales que representan situaciones humanas, y cuya finalidad principal es mostrar aspectos de carácter moral de manera didáctica. Por lo tanto, estos personajes animales, a efecto de representar las conductas de los hombres, se comportan como éstos y sus historias describen los defectos y las virtudes humanas.

Son estos personajes antropomorfizados (antropos = hombre, morfos = forma) que actúan bajo motivaciones, lenguaje y rasgos humanos, los que llevan el liderazgo de la narración, y, aunque en algunas fábulas existan también personajes humanos, éstos, por lo general, aparecen para apoyar el papel central que juegan en la narración los animales. No obstante, a lo largo de la historia de la fábula podemos encontrar algunos casos en los que no intervienen animales, pero este tipo de fábula no es de las más frecuentes.

Es evidente que dentro del campo de la literatura infantil ocupan un lugar sobresaliente los cuentos, poesías u obras de teatro con protagonismo animal. Por lejos que uno se remonta en el tiempo, el repertorio popular está siempre poblado de animales que hablan, y tanto en los relatos orales como en los escritos, el tono de ejemplo y advertencia recurre a los animales desde tiempos inmemoriales; es en tal sentido que este tipo de historias ha sido considerado como un medio apto para ofrecer al niño una narración atractiva por la incorporación de animales, pero que, a su vez, cumpliera con una función modeladora de la conducta. Muchos especialistas atribuyen esta fuerte presencia animal en la literatura infantil a la habitual tendencia del niño a la personificación y animización de objetos y entes no humanos.

La fábula se ha destacado a lo largo de la historia de muchas culturas como una herramienta efectiva para demostrar cómo deben ser los valores morales que se reconocen como "deseables" para una sociedad. El mensaje moral contenido en este tipo de historias se conoce con el nombre de "moraleja" y se describe a través de un ejemplo, que, sobre todo en el caso de la fábula tradicional que surge en de la época clásica (civilización greco-romana) se escribe al final del relato. Y, justamente, en razón de que mediante esta moraleja se pone el énfasis en un propósito moralizador y pedagógico, la fábula se ubica dentro de lo que conocemos como "literatura instrumentalizada", ya que se suele implementar su lectura como instrumento de enseñanza, independientemente de si ésta posee valor estético o no. En este sentido, en la fábula se inclina entonces la balanza hacia el aspecto ético del texto, y es común ver -especialmente en las fábulas antiguas-, que el componente artístico no era tomado en consideración o se minimizaba su importancia, ya que lo importante era destacar la misión pedagógica con que había sido concebida.

En cuanto a su formato, la fábula se ha escrito tanto en verso como en prosa, aunque en la antigüedad predominaba el formato de verso, con un lenguaje bastante rígido y complicado. En el caso de la fábula versificada, en el afán de cumplir con la rima que según las convenciones de la época debía caracterizar a la poesía, se forzaba una sintaxis que terminaba siendo no natural y de difícil comprensión por parte del lector.

Como género literario, la fábula tradicional suele ser con frecuencia de origen popular y de autor anónimo, emparentándose en este sentido con el cuento folklórico. En la Europa no hispanohablante se considera como iniciadores de este género al griego Esopo –conocido como el "padre de la fábula"- y al francés La Fontaine. Estos autores clásicos, si bien en su mayor parte escribían fábulas inspiradas en la tradición y el folklore popular europeos, llevaron a cabo una exhaustiva labor de recreación de las mismas; por lo tanto, bajo la tutoría de éstos, dichas fábulas dejaban así de ser folklóricas. La obra de estos dos fabulistas fue ampliamente difundida y reconocida, ya que respondía a las principales metas pedagógicas impuestas por la sociedad de su época, y en este sentido representaban una importante contribución a las ideas vigentes con respecto a la función que debía cumplir la lectura en las generaciones jóvenes. En el siglo XVIII, en España, otros dos autores con las mismas tendencias filosóficas, escribieron también famosas fábulas; ellos son Félix María de Samaniego y Tomás de Iriarte, y sus textos alcanzaron una fama extraordinaria.

Sin embargo, en general, los autores a quienes se atribuye muchas de las fábulas –sobre todo las de origen folklórico– son meramente recopiladores de las mismas; y éstas, por considerarse vigente y válido el contenido de su mensaje, han pasado a formar parte del patrimonio de la cultura popular. Por esta razón es que en muchas de las fábulas clásicas es posible ver un contenido similar y es usual encontrar a personajes animales que se repiten con aquellas características que reflejan la conducta del hombre, encarnando los aspectos positivos y negativos del comportamiento humano. Es así que hay personajes animales que por haber protagonizado papeles con rasgos semejantes en diferentes textos, han adquirido un sello de inconfundible identificación: por ejemplo, en la tradicional historia de la cigarra y la hormiga, la cigarra ejemplifica la ociosidad y la hormiga el espíritu trabajador, el zorro suele representar la astucia, el león el poder, el buey el trabajo, la lechuza la sabiduría, la tortuga la lentitud y así sucesivamente. De este modo, los animales se constituyen en espejo de maneras típicas –muchas veces estereotipadas– de mostrar el comportamiento humano y se los usa en el texto con el objetivo de dar el ejemplo o de criticar su conducta. Al igual que los cuentos de hadas, la fábula, por lo general incluida por la crítica dentro de la narrativa didáctica, es uno de los géneros literarios más discutidos y cuestionados desde un punto de vista tanto educativo como literario. Y la fábula ha sido y es, aún en nuestros días, objeto de juicios opuestos y opiniones contrastantes.

Según muchos especialistas, la fábula tradicional -tanto en su organización formal como en algunos aspectos de su contenido-, se considera actualmente un género algo desprestigiado, pues por sus características distintivas de ser un texto tendencioso y moralizante, se la percibe como obsoleta y poco apropiada para propiciar el desarrollo de la imaginación y la creatividad del niño lector.

Sin dejar de lado las funciones didácticas que cumple, es posible identificar dos perspectivas opuestas en la consideración que muchos críticos realizan con respecto al género fábula en la literatura infantil:

a) aquella que concibe a la fábula exclusivamente como un discurso moral y la utiliza explícitamente para implementar su objetivo de instruir y edificar los principios y valores de comportamiento del lector.

b) aquella que si bien reconoce la función didáctica como natural de la fábula, considera primordialmente que la fantasía, la curiosidad, lo poético, son elementos que van conformando en el lector su capacidad de reflexión y de crítica y es a través de éstos como mejor podrá ir construyendo su personal visión del mundo, sin que a través del relato se le impongan los conceptos morales.

En el primer caso se habla de la "fábula fósil", ya que con su pedagogismo nada disimulado se ha transformado en un instrumento cuyo mecanismo moralizador demasiado insistente tiende a provocar un rechazo inconsciente por parte del niño. Por otro lado, el hecho de explicitar por escrito la moraleja al final del relato, indica que subyace a este tipo de fábulas una concepción de la infancia típica de las ideas dominantes en el pasado. Según estas ideas, al niño se lo consideraba como un receptor pasivo en el cual se suponía que el adulto "erudito" tenía el deber de depositar ya procesados los conocimientos que aquél debía internalizar, sin posibilidades de dar espacio al potencial que genera un buen texto para que el lector se sienta partícipe y elabore sus propias lecturas del mismo.

A este enfoque rígido y unilateral, tanto de la lectura como de la educación, basado en una interpretación moral única y excluyente y adherida a un dogma impuesto, se opone actualmente una concepción más libre del niño lector. La tendencia actual es entender al niño como un ser activo, que está en condiciones de poder interpretar el sentido –o los sentidos- del texto sin que aquellos adultos obsesionados por asegurarse de que haya un aprendizaje en todo lo que haga el niño, se encarguen de proporcionarles esos sentidos ya filtrados por su propia interpretación. Se intenta concebir ahora un lector que es capaz de extraer por sí mismo y de una manera creativa los múltiples significados que le puede ofrecer el texto. Por ello, en la mayoría de las fábulas que se escriben hoy en día, la moraleja (o las moralejas) se encuentran implícitas, entretejidas en el contenido de la narración, y no redactadas a modo de conclusión unívoca al final de la historia. Esta tendencia se basa en la idea de que es a partir del desarrollo y de la resolución de las situaciones narradas que el lector puede deducir por su cuenta la enseñanza que podría desprenderse de éstas, sacar sus propias conclusiones y procesar los aprendizajes que le transmiten las historias propuestas.

Es posible que debido a factores tales como la sencillez estructural, la concisión, la brevedad y el nivel elemental de las fábulas –elementos que efectivamente, facilitan su memorización- se las haya identificado como especialmente adecuadas para transmitir mensajes educativos a los niños.

Sin embargo, las objeciones y las reservas que se hacen sobre este género narrativo son muy consistentes, aunque éstas sobre todo se refieren a las fábulas tradicionales más que a las modernas. Un aspecto a tener en cuenta es que, debido a que en la fábula hay una crítica a las conductas humanas, se requiere del lector una mente ya preparada para la reflexión y la síntesis, ya que para que el contenido del texto sea comprendido y apreciado, es necesario cierto grado de experiencia vital y madurez de juicio, condiciones y características ciertamente extrañas a la infancia.

Otro de los cuestionamientos que es habitual hallar con respecto a las fábulas -sobre todo a las fábulas tradicionales-, hace referencia a su carácter irónico, satírico, corrosivo y metafórico, y a su conclusión en forma de precepto moral que muchas veces suele resultar cínico y despiadado. Además, no se puede excluir la posibilidad de que el niño, confundido por una narración cuyo significado y mensaje profundos a veces no puede llegar a entender plenamente, se ponga del lado del personaje que acaba por imponerse por su fuerza o su astucia aunque su ética sea dudosa y termine extrayendo –debido a su inexperiencia- conclusiones morales erróneas o que no son las que precisamente se le intentaba transmitir a través de la moraleja. Por otro lado, hay estudios que indican que ante las historias que se presentan como demasiado obvias en su intención ejemplarizante, el niño puede llegar a identificarse precisamente con el antihéroe, el "malo del cuento", aquel que hace precisamente todo lo que se quiere que el lector no haga.

Otro aspecto que se critica es que en muchas fábulas se ve frustrada la exigencia natural del niño de que la tensión emotiva contenida en la narración se resuelva mediante el final feliz, y no se puede excluir el riesgo de que en estos casos el mensaje se interprete en términos de oscuro pesimismo o de aceptación de la injusticia. Es evidente que esta percepción puede conducir a que el contenido del texto entre en conflicto con la necesidad de seguridad y fidelidad que usualmente busca el niño en un texto que supuestamente intente educarlo en tales valores.

En términos generales, desde el punto de vista pedagógico la tendencia actual es considerar apropiadas para la infancia determinadas fábulas, adecuadamente seleccionadas, considerando el hecho de que en muchos casos el niño no llega al fondo de la fábula, pero gusta de la dinámica zoo-épica que lo entretiene. Se trata, por lo tanto, de seleccionar, del riquísimo repertorio de fábulas clásicas y modernas, con cuidadosa sensibilidad literaria y pedagógica, aquellas fábulas que por su desarrollo narrativo, las enseñanzas que deja y su accesibilidad lingüístico-conceptual, sean adecuadas para la infancia y permitan establecer un diálogo abierto con el lector, asumiendo, de este modo, un papel positivo en su desarrollo, sin negarle a la vez diversión y placer.

El género fábula ha experimentado una amplia difusión desde sus primeras épocas, y del mismo modo que en el caso de las leyendas, existen fábulas tradicionales que son recreadas por autores que en la actualidad reivindican su vigencia. De hecho, muchos escritores contemporáneos escriben fábulas hoy en día pero con una perspectiva distinta y una visión que rompe con las rigideces del discurso fabulístico convencional, conscientes de la necesidad de eliminar los elementos negativos que la han hecho blanco de la crítica.

Una fábula con vigencia y validez en la actualidad supera los convencionalismos y las concepciones fosilizados de épocas pasadas, pero sus símbolos continúan vivos en el alma de los hombres y de los niños-. Es ésta la razón que justifica el esfuerzo de escritores modernos por recuperar esta tradición fabulística, escribiendo fábulas de hoy para los niños de hoy.

UNIDAD VIII

La Poesía

1. Características

En el contexto global de la literatura infantil escrita en español, es posible percibir que actualmente se vive una etapa de cambios en el proceso editorial, en la publicidad y en la búsqueda de lectores, que se manifiesta en la publicación de un altísimo porcentaje de libros de narrativa; pero, en comparación, lamentablemente la situación de la poesía no es tan alentadora.

Quizá parte del problema que hace que la narrativa predomine sobre la poesía, reside en la resistencia de muchos adultos que –a veces como resultado de sus propias experiencias pasadas- aducen dificultades para acceder a un género al que consideran de compleja comprensión. Pero la poesía no requiere que se la entienda, ya que ésta se vive, se sueña, se goza, se baila. En este sentido, la poesía juega un papel esencial en la vida del lector, que es el de sensibilizarlo hacia todas las dimensiones del lenguaje. Más que entender o comprender, se trata de poner al lector a sentir el lenguaje y conmoverlo a partir del potencial estético de éste. Un niño que descubra la poesía desde pequeño es un niño que tiene abonado el terreno para hacerse un buen lector.

Pero hay una historia de resistencias con respecto a la poesía que afecta la manera en que los niños llegan a percibirla, ya que en muchos casos, se crea una especie de bloqueo frente a un poema aludiendo a diversas excusas, como por ejemplo la de que es demasiado abstracta, o que no logra transmitir nada, o que es complicada, o que es demasiado cursi. A estas posibles reacciones se agrega el hecho de que en el ámbito escolar ha existido por mucho tiempo el estigma de tener que recitarla, a través del aprendizaje memorístico y mecánico de poemas, imponiéndose así la presión de conectarse con un poema por obligación.

El adulto debe facilitar el acercamiento del niño a la poesía venciendo estas resistencias y dedicando un esfuerzo diferente y más intenso para que la poesía llegue, no con el solo propósito de buscar significados, sino con el fin de que logre movilizarlo interiormente aunque su contenido no se preste a dar explicaciones detalladas del mismo.

La armonía que caracteriza la construcción de un buen poema tiene el potencial de atraer al niño por la belleza de las palabras escogidas y la forma en que éstas se enlazan. El propósito es que el lector capte que allí hay un juego literario, sugerente y rico en matices, ya que no solamente importa lo que se dice, sino cómo se lo dice para lograr un impacto gratificante en su sensibilidad.

Tradicionalmente la poesía se ha caracterizado a partir de varios elementos, entre los cuales se destacaban la rima y el ritmo que ésta le imprimía, aspectos que más que nada tenían que ver con la forma exterior de su composición. La combinación de acentos y entonaciones logran un ritmo destacado, que es la base de la musicalidad de los poemas. La rima, referida a la identidad sonora entre dos o más versos que coinciden en sus últimos fonemas y la elección de las palabras incorporadas en los versos contribuyen al ritmo. No podemos pensar que la poesía es rima y nada más, o que siempre sea imprescindible que haya rima en la poesía infantil. Ni tampoco que se reduzca el poema para niños a rimitas sosas o a palabrería presuntamente infantil o pueril que, con mucha frecuencia, desemboca más bien en lo necio. Por otro lado, no sería justo simplificarlo al punto de, por ejemplo, eliminar las metáforas en un poema infantil por el falso temor de que éstas dificulten la lectura. De hecho, al niño no se le pueden escatimar las metáforas porque se lo estaría privando del potencial que tiene el lenguaje para imaginar, comparar, fantasear, abstraerse.

Si bien es cierto que la rima contribuye a facilitar la memorización del poema y a retener las imágenes sonoras, se ha abusado de su uso como si fuera lo único que distingue a una composición poética, por lo cual es común encontrar poemas infantiles tontos, sin gracia, lirismo o valor estético. Y este lirismo puede buscar sus fuentes aun en aquellas circunstancias concretas y de la vida cotidiana, que según la tradición difícilmente fueran consideradas materia prima de la labor poética.

La poesía no impone una sola lectura, literal, de las palabras. Cuando se lee o escucha un poema, las posibilidades de cómo lo percibe el receptor tienen el potencial de ser múltiples y diversas: para cada lector o cada oyente, la lectura es una experiencia única de exploración. De ahí lo absurdo de ciertas preguntas que en la escuela suelen formularse a propósito de un poema; por ejemplo, el tratar de averiguar sobre lo que el poeta "ha querido decir", cuando lo que en realidad importa es lo que el lector "ha podido leer". Algunas observaciones van ligadas a la noción de connotación, que está referida no al lenguaje directo y explícito, sino a lo que puede evocar, sugerir, implicar el valor de un término que el lector ha de interpretar a partir de su propia subjetividad.

El lenguaje connotativo no es privativo del género poético pero suele caracterizarlo, y por eso es necesario señalar que en todo discurso las palabras o expresiones son de este modo legibles en el nivel de lo que dicen para la mayoría de la gente y a la vez en el nivel de lo que evocan –y provocan– en cada individuo. Por lo general, entonces, en el género poético, debido a la propia naturaleza del lenguaje utilizado, los valores de connotación alcanzan una mayor intensidad.

En relación con la infancia y el niño lector, es importante observar que la riqueza del lenguaje connotativo va a estar en función de la experiencia vivida y de los conocimientos y vivencias que el lector tenga con respecto a las palabras. En este sentido, la imaginación de cada niño es única. Por ejemplo, para un

lector urbano, la palabra "naturaleza" tendrá impli-
cancias distintas que para un lector que vive en áreas
rurales. Es por ello que la experiencia de leer poesía
crea una manera especial de relacionarse con un
mundo pleno de posibilidades para que el niño se
abra a múltiples sentidos, porque el lenguaje poético
es un lenguaje de aperturas, imposible de encuadrar
dentro de un solo esquema de significado. La poesía
tiene que despertar la imaginación, la emoción, el
asombro.

Gran parte de la buena poesía que hoy día se
escribe para los niños demuestra una genuina preocupación por desarrollar un buen estilo, por alejarse
de la instrumentalización pedagógica que por tanto
tiempo ha invadido el género poético, por acercarse al
niño a través de una auténtica emoción poética que
las palabras, trabajadas en función de su extraordinario potencial, son capaces de provocar. Por eso se considera que la poesía tiene su propósito en sí misma, y
ese propósito es el que lleva al ser humano a percibir
y ver la vida de manera diferente, con aquella actitud
que lo hace mirar a las estrellas para sentir algo especial, fuera de toda intención utilitaria.

Tal como se ha dicho, muchas veces la poesía
despliega metáforas, símbolos, imágenes que podría
ser que el niño quizá no comprenda en forma completa y cabal, pero que igualmente operan en él estimulando su fantasía y su capacidad de descubrimiento
de la inagotable riqueza que tiene el lenguaje. El lenguaje poético es un lenguaje que ofrece la posibilidad
de canalizar todas las combinaciones posibles entre

los sentidos, y todas las correspondencias que ocurren entre los sentidos y los sentimientos, entre los sentidos y los pensamientos, entre los pensamientos y los sentimientos. Es un modo de decir que valora la palabra en sí por sus significaciones y su sonoridad, que apunta a conmover el intelecto y emocionar a sus interlocutores.

Por ello es difícil definir a la poesía; pero una forma posible de intentar caracterizarla es decir que la poesía es juego, música, cuento, magia, todo ello integrado por el poder casi ilimitado de la palabra. La poesía brinda oportunidades lúdicas, creativas y constructivas que nos hacen redescubrir la realidad desde una perspectiva diferente, ya que se encarna en un funcionamiento del lenguaje que tiene el permiso para que las palabras digan o signifiquen cosas distintas a las que comúnmente refieren. Un lenguaje que puede recurrir a la connotación, para ir al encuentro de la capacidad polisémica que albergan.

2. Poesía y escuela

El niño suele heredar un inacabable repertorio poético. Desde su nacimiento lo acompañan las nanas elementales que lo acunan, le ayudan a ir tomando conciencia de sí y de su entorno y delimitando su individualidad física y social. Se le canta al niño desde la más temprana edad y de este modo se lo acerca a la riqueza semántica del lenguaje, a la musicalidad de un verso, a la comunicación insustituible del afecto a través de las palabras dichas con ritmo.

La canción de cuna es la primera forma de poesía a la que generalmente está expuesto el ser humano al comienzo de su vida, y aun cuando como bebé no comprenda el mensaje verbal, percibe el afecto con el que éste se transmite con la intención de gratificarlo a través de la música, la cadencia, el ritmo que lo acompaña. Y después de la nana viene el juego relacionado con el reconocimiento del esquema corporal, la repetición lúdica que se va sumando a la constante interacción física y verbal que forma parte de numerosas actividades propias de la infancia.

Pero cuando llega la etapa de escolarización, surge la pregunta: ¿se puede acercar la poesía al aula? ¿Cómo hacerlo sin quitarle lo que tiene de lúdico, de libre, sin vaciarla para hacer de ella una herramienta con funciones pedagógicas? Por supuesto que se puede enseñar poesía en la escuela, pero no con el propósito de formar poetas, sino de movilizar y desarrollar posibilidades que nos ofrece la lengua, porque el trato con lo poético en la infancia no puede ser objeto de una clase o de una asignatura. El contacto con la poesía en el aula tiene que ser parte de una vivencia especial, sin necesidad de establecer horario determinado y dentro de un clima de relajamiento que fomente la apertura y la receptividad hacia el poema.

Sergio Andricaín y Antonio Orlando Rodríguez afirman en su libro *Escuela y poesía: ¿qué hago con la poesía?* que lo que hay que hacer con la poesía es leerla, disfrutarla y gozarla, porque esto sí es posible transmitir. Se considera que, por lo general, la poesía es un género al cual al lector u oyente lo tienen que iniciar. Esto no suele pasar con el cuento, ya que la experiencia de contar o relatar son rasgos casi naturales en todo ser humano. Pero en el caso de la poesía se requiere que alguien asuma la significativa tarea de sensibilizar al lector para fomentar su ingreso en la experiencia poética.

Pero a para poder inculcar el amor a la poesía los maestros deben superar las resistencias que ellos mismos experimentan muchas veces ante un poema. Es lamentable que, con frecuencia estemos perpetuando –de manera inconsciente- los bloqueos y los miedos que este género ha provocado por generaciones en muchos adultos. Pero esta negatividad no solamente proviene de nuestra actitud personal hacia la poesía, sino también del hecho de haber estado expuestos a métodos y pedagogías erróneas al respecto. Por ejemplo, en épocas pasadas, cuando muchas veces se intentaba enseñar poesía en los programas escolares, se hacía mediante procedimientos convencionales de estudio –ya obsoletos-, que se limitaban a medir el poema como si fuera una especie a disecar. Esto, obviamente, neutraliza el placer que se supone debe motivar la lectura de un poema, lo cual ha llevado a que muchas personas se desinteresaran en el género.

Leer poesía genuinamente implica penetrar en ella, procesarla, volverla a leer; y dedicarle un tiempo diferente, en el que uno se desacelera, se regala el poema para saborearlo y dar rienda suelta a sus emociones y sensaciones. Más adelante pueden venir los análisis, en caso de ser necesarios. Lo único que realmente es esencial para asimilar el poema es leerlo y disfrutarlo.

Para promover el gusto por la poesía, es fundamental que en el salón de clase se desarrolle la capacidad de encantamiento y participación gozosa en el uso de la palabra, su potencial como juego revelador y desinteresado, sin otros fines extrapoéticos. Lo esencial es adquirir conciencia de la importancia de educar la sensibilidad, de aprender del placer que otorga la palabra artística, aquella que estimula la ensoñación y la imaginación, que lamentablemente son tan pronto cuestionados y reprimidos en la escuela, en nombre de una prioridad mal entendida de adquisición de competencias intelectuales, como si la poesía no jugara también un papel crucial en los proyectos educativos. Muchos educadores y administradores ortodoxos temen que la poesía implique un desvío de los objetivos primordiales del currículo tradicional. Pero, justamente, lejos de hacer "perder el tiempo", la poesía educa la sensibilidad del niño, posibilitando así el enriquecimiento de su inteligencia y, por lo tanto, el desarrollo integral de sus capacidades.

3. Etapas en el acercamiento (formal) a la poesía

Algunos especialistas señalan la existencia de diferentes momentos en este proceso de acercamiento entre el niño y la poesía. De manera muy global se podrían distinguir las siguientes etapas, cuya división es, por supuesto, arbitraria, y se basa en un esquema clasificatorio cuyos límites son ajustables y abiertos:

a) Normalmente se distingue una primera etapa, que va de los 3-4 a 7-8 años de edad del niño, caracterizada por el escuchar y el repetir. Aún la lectura no es el instrumento mediador, o no lo es en un grado de madurez suficiente. La poesía es principalmente oral, recogida del repertorio doméstico o del entorno más inmediato y cercano.

No debe haber insistencia en el aprendizaje de memoria, excepto cuando éste nazca de la repetición voluntaria por parte del niño.

Se da importancia al juego de las palabras por su valor fónico, su ruptura, los disparates rimados, las retahílas.

Se dice que en esta etapa hay que volver con el niño al origen de la poesía, en donde la música y el ritmo se unen a la palabra para jugar con ella en forma de poema cantado.

b) La segunda etapa comprende de los 8 a los 11 años. Ya hay capacidad para comprender los significados elementales de los versos, pero esto no implica que con la comprensión semántica del poema se rompa el encanto del mismo.

Al igual que en la etapa anterior, se acompaña la palabra con la música, el movimiento corporal, el dibujo, tratando de desarrollar todas las posibilidades, pero a un nivel más sofisticado de lenguaje y significados.

c) La tercera etapa abarcaría de los 11 a los 13 años. Según algunos estudios de psicología infantil, se suele producir en este periodo de desarrollo evolutivo una diferenciación en la forma en que niños y niñas procesan la estética de la poesía. En los varones se da como una especie de paréntesis en su aproximación a la poesía, que muchas veces se manifiesta en un rechazo hacia la misma. En un esfuerzo por seguir los que parecen ser modelos masculinos puede haber un distanciamiento basado en la falsa idea de que la poesía, la música, la pintura, por exaltar los móviles de la sensibilidad del ser humano pertenecen al mundo femenino. Sin embargo, queda en ellos latente la poesía aprendida y vivida en la etapa anterior, que puede resurgir en cualquier momento. Las niñas, por lo general, sí van creciendo más apegadas a este sentido estético y suelen mostrar disposición a acercarse a temas poéticos que van más allá de los lugares comunes de la naturaleza, las estaciones, la madre, etc.

d) En la cuarta y última etapa, que abarca aproximadamente entre los 13 y los 15-18 años, los programas escolares difícilmente abordan cuestiones de poesía, ya que pareciera haber una mayor urgencia en adiestrar en los "saberes útiles", y la poesía, como se sabe, no se cuenta entre ellos. Sin embargo, el despertar del interés sexual o amoroso lleva muchas veces a los adolescentes a canalizar su necesidad de expresión a través del poema, como vía efectiva para comunicar sus sentimientos. No obstante, por lo general, no es la escuela el ámbito donde se cultiva este interés.

Es importante recordar que cuando el niño o adolescente participa de esta actividad lúdica y creativa implicada en la poesía, pone en movimiento, además del enriquecimiento lingüístico y cultural, un mecanismo en el que coexisten elementos motrices, sicofísicos y emocionales. La poesía, al igual que los demás géneros literarios, debe ir siempre acompañada por el placer. El acercamiento del niño al poema es trabajo del adulto pero para que esta experiencia sea positiva debe reunir algunas condiciones formales, por ejemplo:

- La lectura o interpretación del poema ha de efectuarse con una emoción que se transmita al oyente o lector y lo movilice a través de inflexiones y tonalidades en la voz, pero sin caer en la sobreactuación.

- El encanto del poema no debe quebrarse cuando al cabo de su lectura se procede a interrogar al oyente o al lector para evaluar sus niveles de comprensión o asimilación intelectual, ya que este tipo de preguntas pueden perturbar los estados internos afectivos que se intentaban lograr con el poema. Lo importante es ver cómo y en qué medida el poema penetró en el receptor, movilizó su creatividad y conmovió su sensibilidad.

A pesar de que algunos lo ven como un género difícil, la poesía siempre ha formado parte de la infancia, a través de la tendencia natural del niño a establecer asociaciones imprevistas y de nombrar las cosas con rimas y juegos de palabras. Lo que hace falta es la valoración de la poesía para niños a nivel social, a nivel de las mismas editoriales para apoyar y publicar poesía infantil y a nivel de los educadores y de la escuela misma. De hecho, se comprueba que la frecuentación de la poesía desde la tierna infancia aumenta la capacidad de cada niño de descubrir las maravillas de la lengua y soñar más profunda y diversamente en torno a las palabras que encuentra.

Se puede afirmar, entonces, que el enriquecimiento de la capacidad del vocabulario gracias a la riqueza de expresión que logra cada niño por medio de la poesía, potencia el lenguaje y lo abre a una disponibilidad, una libertad y una creatividad que se proyectan a todos los niveles de la expresión oral y de la expresión escrita.

UNIDAD IX

El teatro

1. Introducción y características

El teatro se caracteriza por ciertas particularidades que lo distinguen de los otros géneros, ya que si bien, al igual que los otros se origina en un texto escrito, la obra literaria cumple acabadamente su circuito de recepción cuando este texto se materializa en el montaje y en la puesta en escena.

El teatro infantil no es solamente un conjunto de textos y espectáculos destinados a los niños. Se trata de una disciplina artística compleja que comparte con el teatro para adultos muchos elementos y que, a la vez, tiene una naturaleza propia y sus particulares reglas de funcionamiento.

El teatro infantil conecta al niño de una forma inmediata y amena con el mundo del arte, y de una manera directa abre las puertas de su sensibilidad estética a través de la reflexión, de la capacidad de emocionarse, reírse y llorar, de comprender diferentes visiones de la vida y el mundo, y que le llegan tanto a través del texto escrito como de su representación en el escenario.

A la vez que los divierte o entretiene, el teatro va desarrollando en los niños una formación humanística clave, ya que se trata de un lenguaje que funciona a partir de la interrelación de diversas expresiones del arte: en él se reúnen la literatura, la música, la pintura, la danza, el canto, el mimo. Tiene el potencial de integrar diferentes posibilidades de formación estética que ayudan al niño a descubrir el mundo que lo rodea, al exponerlo a la dramatización de experiencias significativas de la vida del ser humano.

Está en nuestras manos, como adultos y educadores, diseñar e implementar las estrategias que nos permitan liberar al teatro infantil de los prejuicios que aún lo rebajan a ser un "género menor", y desplegar todo el potencial que tiene como fuente de esparcimiento y formación cultural. Por ello, tanto la lectura de obras dramáticas como la asistencia a los espectáculos teatrales son actividades de significativo valor a partir de las que se ejercita el amor al teatro.

El hábito de asistir al teatro se llega a crear porque el espectador, al frecuentar las salas teatrales, va adquiriendo una competencia esencial que le abre los ojos a nuevas vivencias y amplía cada vez más el límite de sus experiencias. La lectura de una obra teatral puede fomentar estas mismas actitudes en el pequeño lector, para que sea capaz de disfrutar y de crecer psíquica, intelectual y emocionalmente frente a una pieza dramática especialmente creada para él.

El niño que recién comienza a asistir al teatro no tiene conciencia de las convenciones propias de este género; de que en el escenario, por ejemplo, se construye un mundo paralelo y que él es el receptor clave de este otro mundo ficcional. Por eso, muchas

veces el niño cree estar conviviendo con los personajes de ese mundo representado y, sin tener conciencia
de su condición de espectador, vive el acto poético –la
obra- como parte de su mundo real. Este fenómeno
crea condiciones especiales para que el universo que
el teatro le ofrece al niño sobre el escenario alimente
su imaginación y estimule su fértil capacidad de fantasear.

En el contexto de la literatura infantil y juvenil
de América Latina, el teatro es un género que ha tenido presencia desde hace muchos años. Ya en libros y
publicaciones periódicas del siglo XIX, encontramos
antecedentes sobre estos textos destinados a ser representados en escena. Sin embargo, esas primeras
expresiones del teatro infantil, al igual que las otras
formas de literatura infantil, tenían un carácter moralizante, religioso y didáctico. Y a principios del siglo
XX, aunque el niño ya comenzaba a ser visto desde
una perspectiva diferente, igualmente se lo seguía
considerando aún como un adulto en potencia al que
fundamentalmente había que inculcar firmes propósitos morales en toda manifestación literaria, artística o
cultural a él destinada.

Dentro de este sistema rígido y paternalista no
había mucho lugar para el esparcimiento, y el teatro
era considerado como un canal más de formación pedagógica. Su intención principal era "cultivar" las virtudes morales o celebrar fechas de la historia patria;
pero verdaderamente no estaba concebido con el
propósito de recrear, entretener, divertir y exponer a
los niños a una experiencia culturalmente gratificante.

Lamentablemente aún hoy día subsiste esta especie de batalla entre la pedagogía y la autonomía que necesita el teatro para niños para valerse por sí mismo como expresión artística autosuficiente. Este conflicto, que como sabemos se libra también en casi todos los ámbitos de la literatura infantil, tiene su origen en aquella concepción ortodoxa que propone que el adulto debe educar al niño desde una posición sobreprotectora y pragmática. Es por eso que durante tanto tiempo la mayoría de las áreas de la cultura destinadas al receptor infantil se caracterizaran por estar sobrecargadas de "cuidados" que limitaban su libertad y subestimaban la creatividad que debía sustentarlas. El teatro ha sido una de estas áreas, afectada notablemente por un pedagogismo que si afortunadamente poco a poco va perdiendo terreno, todavía tiene fuerte presencia en las obras para niños.

Si revisamos algunos aspectos de la historia de la dramaturgia hispanoamericana, podremos comprobar que no es hasta la segunda mitad del siglo XX que realmente surge un teatro para niños con base estética, lo cual coincide con la trayectoria que experimentaron los otros géneros en la literatura infantil. Y aunque esta nueva intención estética no es aún un rasgo dominante, se percibe como un fructífero resultado del trabajo de autores a quienes realmente les importa el teatro como arte. Aún así, todavía hoy podemos ver que no abundan las editoriales de lengua española que den cabida dentro de sus colecciones a una cantidad representativa de obras teatrales. Entre algunas de las excepciones a esta situación cabe mencionar a editoriales como Gente Nueva en La Habana,

Ekaré en Caracas, Plus Ultra y Colihue en Buenos Aires.

Esta insuficiente atención al teatro infantil puede ser también el resultado de varios problemas de tipo estructural, social, educativo, financiero, entre otros. Con pocas excepciones, el dramaturgo experimentado rara vez se dedica a este género. Por un lado está el prejuicio generalizado de etiquetar no sólo al teatro sino a la literatura infantil en general como un subgénero, y por lo tanto se cuestiona su validez. Por el otro, es común encontrar esa falsa concepción socialmente institucionalizada, según la cual el teatro para niños debe estar cargado de diversión facilista o sensiblera o con mensajes didácticos explícitos, lo cual lo aleja de su verdadera naturaleza como expresión artística.

El autor que se aventura a escribir teatro infantil muchas veces se encuentra con que debe apostar por lo seguro en términos de público y no se anima a arriesgarse a un trabajo con claros fines estéticos y sin una obvia intención pedagógica, si es que desea ser apoyado institucionalmente para que su obra sea montada y publicitada. Esta situación da como resultado que existen autores que se autocensuran, lo cual se integra al círculo vicioso originado por la carencia de incentivos y apoyo institucional para la creación y puesta en escena de textos dramáticos de calidad dirigidos a los niños.

Además de afectar a los dramaturgos, esta situación conduce también a que a veces los mismos actores menosprecien las oportunidades que el teatro infantil les pueda otorgar; esto, a su vez, suele crear la idea inconsciente y equivocada de que "cualquiera puede hacer teatro infantil". Esto ha llevado a que surjan de la nada numerosos grupos independientes que ven al teatro infantil más como un mercado que como un medio de expresión artística. Por otro lado, la crítica especializada ni siquiera dirige suficientemente su atención a este tipo de teatro, en el que rara vez se ve involucrados a un director de renombre o a actores reconocidos.

2. Tipos y opciones en el teatro para niños

Por lo general, los buenos creadores de teatro infantil tienen en cuenta *a priori* –al armar la obra, desde el momento mismo de su concepción de los espectáculos o del texto dramático- al niño que será su espectador o su lector.

Pero existe también lo que se conoce como teatro infantil por apropiación. Se trata de aquellas obras en las que los creadores no tomaron en consideración al público o lector niño *a priori* y que, sin embargo, a través de la mediación de los adultos que las pusieron a su disposición, éstas fueron adoptadas o apropiadas por los mismos niños. Es el caso de muchas adaptaciones de Don Quijote de La Mancha, de Miguel de Cervantes Saavedra.

Además del teatro para niños realizado por actores –ya sea profesionales o vocacionales, en salas de teatro o niños en proyectos escolares-, existen algunos otros tipos de realización teatral, como son los títeres y las marionetas, que a su vez pueden ser de guante, de madera, de varilla o con hilos. Estas variantes son ampliamente difundidas en el teatro infantil, ya que los títeres son, en primer lugar, juguetes que tienen una especie de vida propia que maravilla a los niños, y como tales en ellos se proyectan afectos y con ellos se comparten juegos.

Dentro de las diferentes opciones existentes para exponer al niño a las diversas manifestaciones teatrales hay, entre otros, dos modos de disfrutar del teatro:

a. Asistir a una representación y entrar en contacto directo con la magia de los actores -o los títeres y las marionetas- que dramatizan un texto en escena, y participar de la experiencia en términos de espectador.

b. Leer las obras inventándoles, en nuestra mente, una "puesta en escena".

Ambos son modos igualmente válidos y enriquecedores. Ambos deben ser transmitidos a los niños. Por otro lado, la escuela también puede jugar un papel muy importante en inculcar a los niños el amor por el teatro como una expresión clave de las bellas artes, incorporando las actividades dramáticas al currículo como parte integral de los programas de formación humanística. [6]

---

[6] En un apartado especial dentro de esta misma unidad se detalla el papel del teatro en el ámbito escolar.

3. Algunos componentes básicos de las obras

a) **Los personajes:**

Son componentes sumamente importantes dentro del mundo dramático. Al igual que en las obras narrativas, en las obras dramáticas existen personajes, seres creados por el dramaturgo, que cobran vida en la ficción de la obra. Ellos dicen sus **parlamentos**, y, a través de sus palabras, ayudan a configurar la acción.

Los personajes se mueven, hacen gestos, llevan vestimentas basándose en las **acotaciones de escena**, que son indicaciones del dramaturgo sobre cómo llevar a cabo la actuación (movimientos, iluminación, tono, vestuario, etc.).

Estos personajes, que existen en la obra dramática escrita son encarnados por actores al momento de representar la obra y convertirla en una pieza teatral. Los actores son personas que pueden dar vida a distintos personajes, según las obras que realicen.

Es importante que al delinear a los personajes éstos tengan matices, o sea que no se limiten a representar de manera extremista el bien o al mal. Los personajes han de estar cuidadosamente trazados y las fuerzas en oposición que ellos representan no deben caracterizarse simplemente por la diferenciación estereotipada de buenos y malos o la tendencia a destacar una bondad absoluta no creíble y demasiado cercana a la tontería.

También es importante que haya historias en las que intervengan personajes de diferentes grupos étnicos o situaciones sociales. Este enfoque permite que el teatro exponga al niño el contacto con experiencias diversas, lo cual sirve para neutralizar el natural egocentrismo infantil y presentarle al niño una realidad en la cual están también los otros con sus propias existencias, diferentes de la propia.

b) La trama y el desenlace

Es importante que la trama sea sencilla, directa, clara y lineal, sin caer en la pobreza. Además, debe de haber bastante acción dramática, puesto que al niño, especialmente en sus primeros años de edad, suele atraerle más la acción que los parlamentos. El diálogo que expone la trama no debe dar lugar a dudas ni ambigüedades, para que lo que ocurre en escena sea comprendido fácilmente.

4. Criterios de selección de las obras

¿En qué consiste una buena obra de teatro para los chicos, tanto a nivel de lectura como de espectáculo? ¿Qué criterio seguir para elegirlas, cómo diferenciarlas de las regulares, mediocres e incluso malas? Todos sabemos que un buen espectáculo es aquel que produce admiración y deseo de volver a verlo; y también nos damos cuenta cuando estamos frente a un espectáculo o a una lectura insignificante o sin gracia ni sustancia. La cuestión principal es llevar ese conocimiento a la formulación de una metodología de criterios de selección.

Un criterio propio y específico del teatro infantil es el de la adecuación a la competencia cognoscitiva y afectiva del lector/espectador. Éste es un factor que tiene que ver tanto con el aspecto técnico (qué capacidad tiene un niño de decodificar y comprender una obra), como con el campo de intereses propios de cada etapa de la infancia. Lo esencial es que tanto el texto escrito como el espectáculo motiven a los niños, y los lleven desde su estadio actual a mayores niveles de complejidad y riqueza estética.

Es obvio que no todos los montajes invitan a los niños a pensar, disfrutar genuinamente y crecer a través de la obra. Por ejemplo, ¿por qué el teatro para niños "tiene" que ser generalmente musical, de ritmo muy rápido, con secuencias que intentan impactar con gritos, risotadas o voces que aturden, con sonidos estridentes, con corridas, y siempre con la infaltable moraleja típica de un texto ñoño y de muy escaso valor literario o artístico?

Uno de los ingredientes que usualmente componen toda obra teatral para niños es la presencia de una dosis adecuada de humor. Pero este humor debe estar libre de las ironías que podría contener una obra para los adultos. Observando lo fácil que es hacer reír a los niños con caídas, con piruetas circenses o con la exageración de rasgos físicos, es necesario estar alertas frente a puestas en escena que intentan divertir con un humor de mal gusto, ofensivo o vulgar. Este tipo de humor no tiene valor ético ni estético, de ahí que siempre sea tan es importante buscar en las obras una conciliación entre los componentes educativos y artísticos, para que el teatro no termine siendo una extensión de los preceptos dictados en el aula escolar, ni tampoco un pasatiempo vacío y frívolo. Los grupos teatrales deben buscar propuestas inteligentes, con textos interesantes y montajes bien realizados para atraer a los niños a un teatro de calidad.

En cuanto a la necesidad o no de clasificar las obras teatrales en función de las edades de los niños, no hay acuerdo. Se considera, en general, que difícilmente se pueda disponer de una variedad de obras adecuadas para diferentes grupos de edades; no todos los niños tienen la misma capacidad recreativa aun dentro de las mismas edades, y no es posible hacer funciones exclusivas para cada uno de estos grupos. Otro aspecto a tener en cuenta es la extensión de las obras, que por lo general en las primeras etapas conviene que sean breves, para lograr mantener atento al niño y no desalentarlo en su actividad como lector o espectador.

5. El teatro en el salón de clase

Tal como se ha señalado, una de las formas de acercar el niño al teatro es integrando éste al currículo escolar. Pero no se trata de incorporar el ejercicio dramático cuando "sobra tiempo" o como una actividad "extra-escolar", sino de darle el espacio que lo acredita como relevante dentro del programa académico. La lectura y la práctica teatral en el salón de clase es considerada actualmente como una vía de gran efectividad –plena de recursos interdisciplinarios - para guiar a los niños en sus procesos de crecimiento y aprendizaje. La experiencia vivida por los niños cuando se los incorpora a un proyecto de teatro adquiere un matiz de especial significación, ya que son ellos los "hacedores" del espectáculo.

La participación en la actividad teatral tiene el potencial de apoyar el logro de múltiples objetivos educativos, sociales y personales, entre los que se destacan:

- desarrollar el lenguaje y las habilidades de comunicación
- ayudar en la resolución de problemas
- alentar un sentimiento positivo de auto-estima
- fomentar la sociabilidad y el trabajo en equipo
- posibilitar actitudes de empatía
- consolidar los valores
- comprender el arte dramático como una expresión clave de la cultura

Se ha demostrado que el teatro es un medio eficaz de **promoción de la lectura**, ya que se lo puede integrar al currículo junto con la poesía, el cuento y otros géneros de la literatura infantil. El **desarrollo del lenguaje y el vocabulario** se ven reforzados por el uso especial de las capacidades para escuchar, hablar y leer. A su vez, en la actividad teatral los niños viven una diversidad de experiencias de **comunicación**, ya sea verbal como no verbal, no sólo porque la propia interacción dramática así lo exige, sino porque también el esfuerzo por actuar en escena los anima a ser más efectivos en el uso del lenguaje para poder comunicarse mejor con el público.

Otro aspecto clave es la **creatividad** que lleva implícita la actividad teatral, en la medida que ésta constituye un eficaz canal de extroversión y manifestación de las necesidades de expresión del niño. El objetivo no es, por supuesto, conseguir que los niños lleguen a ser actores, sino simplemente poner en sus manos estas herramientas y técnicas de interpretación, concentración, improvisación, expresión corporal, etc., con el fin de que puedan lograr un sólido manejo de sus habilidades para comunicarse.

Cuando los niños participan de una experiencia cultural tan valiosa como lo es el teatro en el salón de clase, dicha experiencia impulsa el **desarrollo de su personalidad** y estimula en ellos la creación de un concepto positivo de sí mismos; las habilidades para expresarse se ven reforzadas por un clima de confianza y seguridad psicológica, a fin de que el niño no tenga miedo de ser él mismo y a la vez "jugar" a ser otro. La vida del niño es juego, y el juego es la raíz del teatro.

Esta labor teatral en el salón de clase debe tratar de hacerse extensiva a la mayor cantidad de estudiantes posible, en especial a aquellos que muchas veces se sienten bloqueados para expresarse. Actuar supone salir de uno mismo y verse desde la distancia; esto ayuda a consolidar un sentimiento de autoconfianza que refuerza la personalidad. Además, las tareas dramáticas iniciales están asociadas a los modernos lineamientos de la **educación psicomotriz,** que se basan en alentar una perspectiva libre y sin rigideces en relación con la expresión corporal y las actividades gimnásticas. Este es un factor que ayuda al niño en el descubrimiento de las potencialidades que le ofrece su propio cuerpo.

La educación a través del teatro convierte al niño en actor de su propia educación, lo puede vincular afectivamente con la naturaleza y la colectividad, dándole paulatinamente una visión más real de sus relaciones con el mundo y de su propio papel en el mismo. Y lo hace como jugando, porque el niño habla y actúa al mismo tiempo; dirige aviones, conduce trenes, cabalga, es mamá o papá. Es natural que el teatro sea su forma artística más accesible porque representa, desde su origen, una suma de juegos y de entretenimiento. Imitando reproduce con su imaginación y disposición innatas las situaciones que ve o imagina y en las cuales él no puede ser protagonista, porque éstas generalmente pertenecen al mundo de los mayores.

Las obras infantiles requieren para su montaje y puesta en escena del talento y las habilidades de varios participantes, que se interrelacionan y **socializan** para conseguir un objetivo común. El niño que se involucra en la actividad teatral sabe que tiene que actuar junto con otros niños, planear junto con ellos, poner en acción las ideas juntos, organizar juntos el espacio de actuación, y vivir la experiencia de diversas interacciones humanas en el contexto de una labor de dramatización que será el resultado de un trabajo en equipo. Esta oportunidad de trabajo grupal robustece el sentido colectivo por la participación, la autoevaluación y la valoración de su compromiso hacia la vida comunitaria y por el uso creativo de los recursos disponibles.

Otro aspecto importante es que los niños actores comienzan a desarrollar relaciones de **empatía** a medida que maduran psicológicamente y van superando el egocentrismo de las primeras etapas de la infancia. Hay estudios que han demostrado específicamente la efectividad del acto de simular o de actuar en diferentes papeles en el proceso de aprender y de abrirse a los otros. Mediante el teatro, los niños pueden re-vivir las experiencias de otros, recreando las conductas de los diversos personajes que habitan tanto en los cuentos, como en las fantasías de su vida cotidiana. Pueden empezar a establecer una relación más tangible con cuestiones que plantea la vida en sociedad. ¿Qué es lo que se siente si uno es discriminado? ¿Cómo es tener una creencia religiosa diferente a la mayoría?

El teatro les abre a los niños la posibilidad de experimentar con los diferentes roles sociales, y en ese proceso, identificarse o comprender los puntos de vista de los demás, enterándose de sus inquietudes, enfrentándose a sus problemas y "viviendo" sus éxitos y sus fracasos. A través del drama los niños tienen la oportunidad de ver el mundo desde otra perspectiva y responder de la manera que respondería esa otra persona a la que imitan; así, poniéndose en el lugar del otro, pueden llegar a aceptar mejor las diferencias y lograr una comunicación más enriquecedora con el mundo que los rodea.

Un área del currículo de esencial importancia que se cumple con la actividad teatral en la escuela es el **desarrollo de valores** positivos, ya que es a través de una buena educación que el niño logra identificar, poner a prueba y refinar su propio sistema de convicciones, y crecer sin que éstas le sean impuestas por la fuerza.

Hay ciertos valores que son aceptados por la mayoría de la sociedad, sin controversias: la honestidad y la verdad, por ejemplo, son casi universalmente estimadas. Para enfrentarse a las situaciones de su vida cotidiana, los niños toman constantemente decisiones basadas en los valores en los que creen. La actividad teatral tiene que ver con personas en acción, y en la dramatización de un cuento, por ejemplo, los niños se ven envueltos en situaciones vitales en las que los acontecimientos se desarrollan de una manera particular. Es así que los niños adquieren experiencia de primera mano sobre cómo es estar involucrado en esos acontecimientos. Y cuando a una persona se le requiere que actúe "como si" tuviera una creencia especial, es más probable que esta persona perciba de manera más imparcial la relación de esa creencia con su propia vida.

Un factor de relevancia es el hecho de que en la implementación de un proyecto teatral los niños también aprenden acerca de los elementos que componen todo el proceso de la puesta en escena de una obra.

Tendrán la oportunidad de participar en variados aspectos del proyecto, como el vestuario, la iluminación, la escenografía, la música; de esta manera, se comprometen en una experiencia que integra diversas expresiones de tipo artístico.

Lo importante es tener en cuenta que no por el hecho de que se trabaja con obras para niños, los contenidos de los textos tienen que estar atiborrados de enseñanzas y priorizar la transmisión de conocimientos, olvidando que el componente lúdico propio de la infancia es el motor que va a motivar a un niño para que se acerque a la experiencia teatral.

Tanto en una sala de teatro como en un salón de clase, es necesario aún explorar las posibilidades de un teatro diferente, un teatro comprometido con la actualidad de los propios niños, sin pretensiones expresamente didácticas y que realmente conmueva al lector/espectador, para que forme parte de sus intereses cotidianos y lo integre voluntaria y definitivamente a su vida.

Unidad X

La diversidad en la literatura infantil

El tema de la diversidad en la literatura infantil de alguna manera integra elementos que se corresponden con casi todos los contenidos tratados en los capítulos previos. Esta unidad se propone analizar temáticas de los distintos géneros cubiertos en el curso, enlazados en el factor común de una perspectiva inclusiva. Una perspectiva que guíe al lector en la lectura de textos que promueven la valoración y el aprecio por las diferencias.

Si reflexionamos acerca de la manera en que están representados los diversos grupos humanos a lo largo de la historia de la literatura infantil, -tanto a nivel de texto escrito como de ilustración, y tanto en la literatura realista como en la fantástica-, es posible detectar que ésta ha sido frecuentemente marcada por los mismos enfoques discriminatorios o prejuiciosos que suelen verse en la realidad extra-textual, o sea, en el mundo real en el que vive el lector.

La ausencia de representación en los libros para niños –o la representación muchas veces distorsionada de aquellos individuos que no forman parte de los grupos humanos mayoritarios, indica una tendencia cuyo un efecto es profundamente negativo en el lector, porque le muestra modelos encasillados y esquemáticos que tergiversan su visión del mundo.

Desafortunadamente, lo diferente suele inspirar en mucha gente un sentimiento de intranquilidad y desconfianza; nos sentimos generalmente mejor entre los nuestros, entre quienes son iguales a nosotros. Pero tal desconfianza es producto de la ignorancia, ya que la falta de conocimiento cabal de los grupos a los que no pertenecemos nos lleva a formular generalizaciones que son las que, eventualmente, instauran los estereotipos con los que catalogamos a esos otros que son diferentes a nosotros. De ahí que se afirma que la literatura diversa y multicultural tiene el potencial de actuar sobre la mente y la sensibilidad del lector fomentando en éste sentimientos de confianza y respeto basados en el conocimiento de los otros, y no en preconceptos acerca de ellos.

Esta literatura diversa y multicultural, que se manifiesta en un enfoque positivo hacia las diferencias, le proporciona al lector una oportunidad de mirar el mundo que lo rodea desde puntos de vista más abiertos, ya que lo expone a las formas en que otros son, viven, sienten, se expresan y se comportan. Es natural que a cierta edad los niños comiencen a mostrar interés en los otros, en aquellos seres que los rodean y que no son ellos mismos. Este concepto de "el otro" representa no sólo lo que el niño no es, sino que también juega un papel fundamental en la construcción de su propia identidad, ya que éste construye su propia imagen en interdependencia con las otras personas.

Los textos para niños que construyen universos ficcionales a partir de concepciones abiertas y no

discriminatorias, presentan personajes no convencionales que se mueven en espacios narrativos no exclu-
yentes. Son textos que no marginan, no ignoran a las
minorías, no menosprecian a los distintos, no sosla-
yan a quienes no son como uno. Este tipo de literatura
se escribe con el objetivo de que el lector logre superar
las fobias a lo diferente en aspectos que tienen que
ver, entre otros, con temas como el grupo étnico, la
religión, la lengua, el género, las capacidades funcionales, el aspecto físico, las preferencias sexuales, la
posición social, etc.

Nos concentraremos en cuatro categorías relacionadas con la diversidad en los libros para niños:
- la diversidad étnica y cultural
- la diversidad en las capacidades funcionales
- la diversidad genérica
- la diversidad en el aspecto físico

1. Diversidad étnica y cultural
En un mundo cada vez más interdependiente,
es importante que la literatura que da tratamiento a
los **aspectos étnicos y culturales**, abarque un amplio
espectro de situaciones, personajes o creencias, pero a
partir de una concepción que demuestre una genuina
actitud de valoración y aprecio de otras culturas, razas, grupos étnicos y sociedades diversas.

Tal como lo plantea Javier Rebanal,

El otro empieza siendo alguien con un cierto color de piel, rasgos curiosos o idioma diferente,

para terminar abarcando hábitos y costumbres distintos de lo cotidiano en el niño: vestidos, comidas, costumbres, familia, etc. todo lo que los engloba en el concepto de cultura. Los álbumes ilustrados, los libros infantiles, están llenos de "otros", de personas diferentes en culturas diferentes. (*Imaginaria* Nro. 8-set/99)

Sabemos que los niños no nacen racistas, y su percepción de lo diferente, del otro, suele manifestarse de una manera natural; de hecho, su reacción positiva o negativa ante esa diferencia es el resultado de un aprendizaje que surge de su entorno. Por eso, los libros tienen la capacidad de contribuir a formar los cimientos de su actitud –ya sea de celebración o de rechazo- hacia otras razas, culturas, religiones, costumbres y tradiciones. El aporte de la diversidad, reflejada positivamente en un texto, enriquece al lector porque le proporciona elementos para que éste crezca superando prejuicios, con un conocimiento fundamentado y respetuoso de otras culturas. Esto, a su vez, refuerza el impacto que el libro puede tener en el lector para que éste valore y defienda sus propias raíces culturales.

En este contexto es posible ver, por ejemplo, casos que reflejan una visión racista en la literatura infantil cuando se representa a grupos étnicos no mayoritarios subestimándolos, o con rasgos que los estigmatizan rotulándolos con los estereotipos clásicos. Es así que es frecuente ver en los textos a personajes afro-americanos que son pobres o delincuentes, personajes latinos que suelen ser sirvientes o simplemente marginales, y que reflejan la vida del inmigrante hispano como un campesino falto de base educativa o intelectual. Tal como se ha dicho, éstas y otras manifestaciones de racismo se hacen presentes en los libros para niños de manera a veces explícita y otras veces más sutil. Por eso es tan importante que el adulto ayude al lector a identificar la existencia de estos estereotipos[7] con respecto a personajes, estilos de vida o situaciones que se aparten de lo más conocido por éste, tanto en las ilustraciones como en el texto escrito. Ello lo llevaría a poder cuestionarse, por ejemplo, por qué se supone que un personaje perteneciente a un grupo minoritario debería mimetizar las costumbres y las normas de conducta de los grupos dominantes para lograr desempeñar un papel protagónico en el texto.

En el caso de la representación textual de la cultura latina, hoy en día este fenómeno está cambiando gradualmente, y es más frecuente encontrar personajes que participan en la historia luchando por salir adelante y realizar sus sueños de una vida digna y marcada por el progreso, de la misma manera que lo hace la gente de cualquier otro grupo étnico o cultural. Esta nueva tendencia en la literatura le transmite al lector la idea clave del respeto a las minorías para ayudarlo a evitar actitudes racistas en su vida real. Al mismo tiempo, le ofrece un valioso retrato de otros países y otras culturas, con costumbres y formas de vida distintas a las suyas, a las que de otro modo, por

---

[7] Se podría definir al estereotipo como una forma totalmente simplificadora de generalizar -con connotaciones algo despectivas-, acerca de un grupo étnico, religioso, racial, cultural, o en general, referido a cualquier tipo de grupo humano.

lo general, no le sería posible acceder de manera directa.

2. Diversidad en las capacidades funcionales

Otro aspecto de la diversidad en la literatura infantil, es el referido a la presencia en los textos de personajes con **capacidades funcionales especiales**. En este caso particular, es también importante proceder con cautela al momento de seleccionar textos, a fin de que la representación de estos personajes realmente ayuden al lector a abrir su mente y adquirir –a partir de la lectura- una mejor comprensión acerca de las personas con dificultades de tipo físico o mental. Un texto bien construido en este sentido, puede eliminar actitudes de distanciamiento, rechazo, prejuicio y discriminación hacia estos individuos en la vida real.

Es preciso identificar de qué manera están representados estos personajes y las situaciones que protagonizan los mismos en los textos infantiles, y analizar la imagen que ofrecen. El texto debe operar aquí como un canal de exposición y contacto indirecto entre personajes en condiciones físicas o mentales "diferentes" y lectores "sin" dificultades, así como entre lectores que pueden identificarse con dichos personajes porque tienen las mismas dificultades que los personajes del texto. La experiencia lectora se constituye aquí en una valiosa estrategia de información, conocimiento, acercamiento y cambio de actitudes hacia esa población cuyas capacidades funcionales no son las de la mayoría.

La presencia textual de personajes con dificultades en sus capacidades funcionales puede verse reflejada en distintos grados, que abarcan desde problemas de aprendizaje, dificultades de comunicación y lenguaje, trastornos de desarrollo físico o psicológico, problemas de índole motora, visual, auditiva e intelectual, autismo, conflictos de personalidad, y diversas psicopatologías, hasta cuestiones de otro tipo como la zurdera o el asma. Y aunque en la última década se aprecia un aumento en el número de textos en los que aparecen, la inclusión de personajes con tales características es aún bastante escasa en la literatura infantil escrita en español. Además, en los casos en que sí tienen presencia, es común que la imagen que se muestra de éstos responda a una visión obsoleta de la diferencia funcional, inadecuada por estar cargada de rasgos negativos y prejuicios que son el resultado de imprecisiones y falta de conocimiento acerca de tales diferencias.

Así, es bastante usual, por ejemplo, que se presente al personaje con discapacidad mediante un excesivo e innecesario melodramatismo, lo que trae como consecuencia que la lectura de algunos libros despierte sentimientos paternalistas, piadosos, compasivos, impregnados de una curiosidad casi morbosa o un distanciamiento discriminador. Por ello es conveniente que los maestros, la familia y en general las personas responsables lean cuidadosamente cada libro y hagan una valoración crítica de la forma en que se aborda al personaje con capacidades funcionales diferentes. Una buena selección debería basarse, entonces, en ciertos criterios, que tengan en cuenta, por

ejemplo, si el sujeto descrito en el texto aparece conge-
lado en su situación desfavorable o participa en una
variedad de contextos no asociados con la misma.
Mostrar a estos personajes no en una especie de gueto
donde se recluyen sus iguales, sino integrados a los
demás puede contribuir a desarrollar una imagen
abierta y positiva en los lectores que están tanto
dentro como fuera de ese grupo humano.

3. Diversidad genérica

Otro aspecto de suma importancia es la **representación genérica** en la literatura infantil, ya que
muchos libros para niños parecieran corroborar las
ideas estereotipadas sobre género que vienen dictadas
desde fuera del mundo representado. Si bien afortunadamente es posible vislumbrar nuevas tendencias y
perspectivas que, sobre todo en los últimos diez años,
se proyectan como prometedoras expresiones de
cambio, también hay evidencia de que en numerosos
casos, cuentos tradicionales se ha manejado mayorita-
riamente un personaje femenino limitado a roles rígidos y esquemáticos de dudoso protagonismo. Y éstos,
por supuesto, reflejan formas de representación genérica que son producto de un sexismo doblemente peligroso cuando el receptor es un niño.

Si tenemos en cuenta que los roles sociales se
aprenden sobre todo desde la infancia, es en cada
cuento, en cada relato que el niño lee o escucha, cómo
la memoria colectiva se filtra en las raíces más pro-
fundas de nuestro inconsciente. Desde una perspectiva de género, los mensajes culturales permean en la
narrativa infantil a través de una compleja red de re-

laciones de familia, costumbres y códigos de conducta que se integran explícita o implícitamente en el tejido textual. Es así que cuento tras cuento, se han ido transmitiendo y preservando principios morales que han resultado ser funcionales para inculcar aquellos valores que el sistema considera convenientes, y donde se suele proponer como natural una imagen femenina contaminada por estereotipos.

Es obvio, entonces, que si la lectura funciona en la infancia como forma clave de internalización de papeles y estructuración de la identidad, estos modelos que han transmitido por siglos los textos infantiles son asimilados por niñas -y niños- lectores por canales que desvalorizan al personaje femenino y lo perpetúan a que se muestre en conformidad con preceptos heredados de siglos atrás.

Nuevos estudios confirman que en la literatura infantil anterior a la década del '70 el porcentaje de historias centradas en niñas en relación con historias centradas en varones era notablemente inferior. El impacto de este hecho es obviamente negativo, ya que es bien sabido que las niñas pueden aprender a autovalorarse o a subestimarse a partir -entre otros factores-, de los libros que leen. Hasta no hace mucho, cuando los niños abrían un cuento infantil o un texto de escuela primaria, generalmente leían acerca de las admirables actividades y aventuras de personajes varones. Y aún en el caso de que se manejara un personaje femenino desempeñando roles más o menos relevantes, éste estaba caracterizado de manera trivial y esquemática. El personaje masculino tiene en estos textos el privilegio de protagonizar múltiples experiencias; en contraste, el personaje femenino encarna roles más dependientes, pasivos, sin mucha iniciativa para emprender acciones centrales o determinantes sobre las que gire la trama.

Como se ha mencionado, el tema del sexismo en la literatura para niños en español se presenta con rasgos diversos, que operan a través de un conjunto de patrones extra-textuales que pueden ser fácilmente reconocibles. La presencia de estereotipos sexistas en la literatura infantil es sumamente compleja y peligrosa ya que muchas veces no se muestra abiertamente, sino que se filtra de manera sutil y encubierta, y modela de manera distorsionada la mente del lector hasta que esos estereotipos en los personajes –tanto femeninos como masculinos- son aceptados por éste casi como algo natural.

Por fortuna, en la actualidad hay nuevas estrategias y proyectos de escritura que intentan redefinir esta cuestión de géneros sobre otros ejes, componiendo personajes femeninos que sí son exitosos y toman las riendas de su destino; voces que se aventuran por ámbitos que superan la consabida literatura rosa, cursi o condescendiente. Propuestas, por ejemplo, como la de "Los zapatos de fierro", de Emilio Carballido, donde María desencanta a un príncipe que se había convertido en lechuga y vive múltiples peripecias inusuales para un personaje femenino tradicional. O el caso de "La princesa y el pirata", del español Alfredo Gómez Cerdá, donde la princesa Filomena vivía en su torre de marfil y plata rechazando uno tras otro a sus admiradores que llegan de otros cuentos famosos a conquistarla, hasta que decide –ella decide- escaparse de su propio cuento nada menos que con un pirata, dispuesta a navegar por la vida como ella soñaba, y no como se la imponían, desafiando así el desenlace que previsiblemente le tenía reservada la tradición cuentística.

4. Diversidad en el aspecto físico

Una breve mención merece también el tema de la diversidad en relación con el **aspecto físico** que muestran los personajes en los libros para niños. Al igual que con las cuestiones étnicas, genéricas y de capacidad funcional, la forma en que tradicionalmente se muestra la apariencia física de los personajes en los textos infantiles ha sido condicionada por modelos de belleza rígidos y encasillados, que refuerzan valores socialmente cuestionables. Ser guapo, o ser bonita, según estos cuentos, compensa. Desde la niñez, los lectores leen cuentos de hadas con personajes femeninos y masculinos que alcanzan grandes riquezas y éxitos simplemente porque su belleza los hace especiales. Esto transmite un mensaje subliminal poderosamente negativo, basado en establecer los rasgos físicos de los héroes como patrones para reflejar la calidad de los mismos, y cuya medida de valor reside en cómo se ven exteriormente.

Del mismo modo que en los otros aspectos de la diversidad en la literatura infantil, una representación justa y natural de las diferencias humanas en los textos para niños permite que el lector asimile el valor de la diversidad para superar los prejuicios, estereotipos y generalizaciones impuestos por la sociedad con el fin de reproducir sus moldes hegemónicos.

Aunque en la actualidad hay cada vez más una mayor preocupación por este tipo de contenidos en los libros para niños y los educadores están siendo cada vez más concientes al momento de seleccionarlos, todavía hay textos que descuidan estos aspectos porque muchas miradas siguen, todavía hoy, impregnadas de etnocentrismo, de desigualdades y de discriminación. No obstante, se puede afirmar que se está operando una transformación paulatina pero firme en la representación de las diferencias en la literatura escrita en español para niños, lo cual representa un salto realmente cualitativo con respecto a siglos de discurso patriarcal y discriminatorio.

La literatura diversa y multicultural, en todas sus variantes, apoya el logro de objetivos importantes en el desarrollo ético y estético del lector, tanto a nivel académico como personal, entre ellos:

- elevar el respeto por todos los individuos, aceptando sus diferencias
- identificar y condenar el sexismo y la discriminación genérica
- reconocer las contribuciones de las minorías
- posibilitar que los niños entren en contacto con LO OTRO QUE NO SOMOS NOSOTROS, ya que se los expone desde temprano a una visión pluralista
- ayudar a eliminar la xenofobia y el etno-

centrismo, estimulando la aceptación y el respeto hacia los demás

- mejorar el auto-conocimiento y la auto-estima de los lectores, ya que los motiva a reconocer y enorgullecerse de su herencia cultural

- estimular la toma de conciencia para que se detecten prejuicios, y ofrecer una oportunidad especial para la discusión y superación de los mismos

El adulto tiene en sus manos la responsabilidad de guiar al niño en sus lecturas, dándole los elementos claves que le ayudarán a abrir los ojos frente a un texto negativo hacia la diversidad y a aprender a valorar las diferencias. Los cuentos, los poemas, las leyendas, las fábulas, las obras de teatro que representan positivamente la diversidad de los grupos humanos que pueblan el planeta, logran movilizar la sensibilidad del lector, estimulándolo a través de una lectura literaria de calidad que amplía y enriquece su cosmovisión.

Bibliografía consultada

Andricaín, Sergio, "Un palco en el paraíso. Biblioteca y promoción de lectura", *Espacio literario y espacio pedagógico*, Bogotá, Magisterio: 1999.

Barker, Marie.E, "La literatura infantil en español y su papel en el desarrollo del autoconcepto del niño", *Hispania*, núm 85, mayo 1982, pp. 269-273.

Bettelheim, Bruno y Zelan Karen, *Aprender a Leer*, New York: Knopf, 1981.

Bettelheim, Bruno, *Psicoanálisis de los cuentos de hadas*, Madrid, Grijalbo: 1978.

Blanco, Lidia, *Literatura Infantil. Ensayos Críticos*, Buenos Aires: A.B.R.N. 1992. Buenos Aires, Lugar Editorial: 2001.

Cerillo, Pedro, Literatura infantil y universidad, Universidad de Castilla, La Mancha: 1991

Cervera, Juan, *Teoría de la literatura infantil*, Bilbao, Mensajero: 1991.

Colomer, Teresa, *Introducción a la literatura infantil y juvenil*. Madrid, Síntesis Educación: 1999.

_____ *La formación del lector literario. Narrativa infantil y juvenil actual*, Madrid, Fundación Germán Sánchez Ruipérez: 1998.

Corral, Ricardo S., *La Literatura Infantil en la escuela primaria* 4ta. ed., Indoamericana, México: 1976.

Díaz Rönner, María Adelia, *Cara y cruz de la literatura infantil*, Buenos Aires, Lugar: 2001.

Donnet, Beatriz y Guillermo Murray Prisant, *Palabra de juguete 2*, México, Lectorum: 1999.

Dubovoy, Silvia, *El niño y los libros*, México, CONACULTA: 1999.

Susaeta Ediciones (comp.), *Ríe que Ríe*, Madrid: Susaeta :1991.

González Gómez, Ana, María E. Charría de Alonso, *El placer de leer en un programa de lectura*, Buenos Aires, Aique: 1987.

_____ *Los primeros pasos en la formación de lectores*, Buenos Aires, Aique: 1987.

IBBYMéxico, *Leer de la mano – Cómo y qué leerles a los que empiezan a leer*, México: 1993.

Irene Vasco, "Hogueras contemporáneas", *Cuatrogatos* núm. 1, ene-mar 2000.

López Tamés, Ramón, *Introducción a la literatura infantil*, Murcia, Universidad de Murcia, Murcia: 1990.

Merlo, Jorge O, "Las bibliotecas y el desarrollo cultural", *Cuatrogatos* núm. 7, jun-set 2001.

Merlo, Juan Carlos, *La literatura infantil y su problemática*, Buenos Aires, El Ateneo: 1985.

Montes, Graciela, *El corral de la infancia*, México, FCE: 2001.

Mora, Luisa, "Sugerencias para padres sobre los niños pequeños y los libros", *Imaginaria* núm. 24, Buenos Aires, 3 mar.2000, pp. 1-10.

Nóbile, Angelo, *Literatura infantil y juvenil*, Madrid, Morata: 1992.

Petit, Michele, *Nuevos acercamientos a los jóvenes y la lectura*, México., FCE: 1999.

Perriconi, Graciela, "Puntos de partida para la caracterización de un libro infantil", en *El libro infantil. Cuatro propuestas críticas*. Buenos Aires, El Ateneo:1983.

Rey, Mario, *Historia y muestra de la Literatura Infantil Mexicana*, México: 2000.

Reyes, Yolanda, "Nidos para la lectura: el papel de los padres en la formación de lectores" (Seminario internacional "Animación a la lectura y la literatura infantil y juvenil"), Taller de Talleres, Bogotá: 1998.

Robleda, Margarita (recopiladora), *Acertijos y trabalenguas*, México, Destino: 2003.

Rodríguez, Antonio Orlando, *Panorama histórico de la literatura infantil de América Latina y el Caribe*, Cerlalc, Bogotá: 1993, p.31.

Rodríguez, Margarita D., *Literatura Infantil*. San José, EUNED: 2000.

Rosell, Joel Franz, *La literatura infantil: un oficio de centauros y sirenas*, Buenos Aires, Lugar: 2001.

Rueda, Rafael, *La biblioteca de aula infantil. El cuento y la poesía*, Madrid, Narcea: 1999.

Scholastic Inc., *Mis primeros poemas y canciones: Antología infantil*. Scholastic Inc., New York, 1995.

Schon, Isabel y Berkin, Sarah C., *Introducción a la Literatura Infantil y Juvenil*, Newark, Internacional Reading Association: 1996.

Seppia, Ofelia, Fabiola Etchemaite, María Duarte, María E. De Almada, *Entre libros y lectores I. El texto literario*, Buenos

183

Aires, Lugar: 2004.

Silveyra, Carlos, "El humor en el folclore infantil de nuestros días". *Literatura e infancia para el adulto de habla hispana*, núm. 9, México, Alfaguara Infantil.: 2003.

"Taller literario de motivación a la creación de literatura infantil". CURC-UNAN-CARAZO 2004 – Libros para niños – Proyecto para el fomento, producción y difusión de literatura infantil nicaragüense.

Tucker, Nicholas. *El niño y el libro*. México, FCE: 1981.

Vagón literario - Año 1, Num. 4, México: Oct 2001.

Villasante-Bravo, Carmen. *Historia y Antología de la Literatura Infantil Iberoamericana I*, Everest, 1999.

La Autora

Dra. Lidia Díaz
Profesora Asociada
Departamento de Lenguas Modernas
Universidad de Texas – Brownsville
80 Fort Brown – Brownsville, TX 78520
Tel.: (956)882-8981
Fax: (956)882-8988
e-mail: lidia.diaz@utb.edu

Lidia Díaz nació en Buenos Aires, Argentina. Tiene una licenciatura en Ciencias de la Educación de la Universidad Nacional de Córdoba, Argentina, y un doctorado en Literatura Hispanoamericana de la Universidad de Pittsburg, PA.

A partir de un trabajo de investigación sobre "La Edad de Oro", de José Martí, durante sus años de estudiante del doctorado comenzó a trabajar en literatura infantil, logrando hacer confluir su formación pedagógica y literaria. Este trabajo fue publicado en 1992 en la Revista del Ministerio de Educación de Cuba, y también premiado con la Beca Mellon.

Desde hace 10 años es profesora en el Departamento de Lenguas Modernas de la Universidad de Texas en Brownsville, donde diseñó e implementó uno de los pocos cursos de literatura infantil que existen en los programas de español de EE.UU.

Ha presentado trabajos sobre literatura infantil escrita en español en numerosos congresos y reuniones profesionales regionales, nacionales e internacionales, y publicado artículos en revistas y publicaciones especializadas.

CPSIA information can be obtained
at www.ICGtesting.com
Printed in the USA
BVHW030220220622
640245BV00007B/72

9 781930 879546